KB186342

아이의
독서 능력을
키워 주는

독서대화

아이의
독서 능력을
키워 주는

독서대화

초판 1쇄 발행 2021년 12월 7일

지은이 이미숙

펴낸이 강기원
펴낸곳 도서출판 이비컴

디자인 이유진
편 집 한주희
마케팅 박선왜

주 소 서울시 동대문구 천호대로81길 23, 201호
전 화 02-2254-0658 팩 스 02-2254-0634
등록번호 제6-0596호(2002.4.9)
전자우편 bookbee@naver.com
ISBN 978-89-6245-194-8 03370

아이의
독서 능력을
키워 주는

독서대화

이미숙 글·그림

이비락 樂

| 독서대화란 무엇인가?

"아이와 함께 읽으세요. 그리고 독서대화를 나누세요."

자녀의 독서 교육을 어떻게 해야 하는지를 묻는 부모들에게 필자가 늘 하는 말이다.

부모는 자녀가 책을 많이 읽기를 원한다. 어려서부터의 독서가 평생의 지적 재산이 될 것임은 의심할 여지가 없기 때문이다.

국어 교사로서 오랫동안 학생들을 가르치며 독서 지도를 해 온 필자는, 읽는 것만으로는 부족하다는 생각을 했다. 그냥 읽기만 해서는 글 속에서 캐내야 할 보물들을 놓칠 수 있기 때문이다. 그래서 가장 효과적인 독서 지도법으로 독서대화법을 고안해냈다. 독서대화는 읽고 이해하는 것을 넘어 글 속에 감추어진 보물들을 찾아내는 매우 유익한 독서 지도법이다.

'독서대화'란 필자가 이름 붙인 것으로서, 어른과 아이가 함께 책을 읽고 그것에 대해 대화를 나누는 것을 말한다.

아이의 부모가 독서 멘토가 되어 아이의 독서를 이끌어 주는 것이 가장 바람직하다. 독서 멘토는, 아이가 책에서 얻은 생각을 스스로 정리할 수 있게 도와주는 역할을 맡는다.

책을 읽은 직후 아이의 머릿속은 수많은 생각과 느낌으로 가득 찬다. 정리가 되지 않아 복잡한 상태다. 이때 독서 멘토가 책에 대한 질문을 던지면, 아이는 대답을 하기 위해 자신의 생각을 다듬고 정리하지 않을 수 없다. 즉 생각에 질서를 부여하게 된다는 말이다.

이렇게 읽은 것에 대해 독서 멘토가 질문하고 아이가 대답을 하며 자연스럽게 글에 대한 이해를 높이는 방법이 독서대화이다. 아이는 질문에 답하기 위해 읽은 것에 대해 다시 생각하게 되는데, 이때 새롭게 깨닫는 것들이 생기며 또 그것을 말로 전달할 때 생각이 더욱 뚜렷해진다.

독서대화로 뚜렷해진 생각을 글로 쓰게 하는 것이 또한 중요하다. 글은 생각을 고정시키는 도구이기 때문이다. 글로 쓸 때 읽은 것에 대한 이해와 통찰이 더욱 깊어진다. 즉 독서대화와 글쓰기는 가장 효과적인 독서 지도 방법이다.

글쓰기를 힘들어하는 아이들이 많다. 그것은 생각하기가 힘들어서이다. 독서대화는 생각을 정리하게 해 주므로 독서대화 후에는 생각을 글로 옮기는 것이 쉬워진다. 독서대화 후에 글쓰기를 부담스러워하는 아이들을 거의 보지 못했다. 오히려 쓰는 것을 즐거워하는 아이들을 많이 보았다.

부모와 아이의 독서대화는, 함께 읽은 책의 내용에 대한 이해뿐만 이 아니라 삶에 대한 폭넓은 대화를 나누는 것이므로 두 사람이 정서적으로 더욱 친밀해지며 인성 교육, 인생 교육도 함께 이루어지게 한다. 아이는 부모와 나누는 독서대화가 즐거워서 책 읽기를 즐겨하게 되며 그에 따라 독서 능력과 사고력이 더욱 향상된다.

독서대화를 이끌어가는 것이 전문가가 아닌 이들에게는 쉬운 일이 아닐 것이다. 그래서 이 책을 통해 독서대화의 방법을 알려드리고자 한다.

이 책은 필자가 학생들과 나누는 독서대화의 모형을 어머니와 아이가 나누는 대화 형식으로 제시하여 이해하기 쉽게 설명해 놓았다. 독서가 익숙하지 않은 아이라도 어려움을 느끼지 않도록 분량이 짧고 쉬우면서도 재미있게 읽을 수 있는 책부터 시작하여 점차 독서 능력을 요구하는 책을 그 대상으로 삼았다. 독서 지도 초보인 부모라도 이 책을 읽고 내 아이에게 적용하다 보면 점차 독서대화가 수월해져서 다른 많은 작품들에도 응용할 수 있는 유능한 독서 지도자가 될 것이다.

문학 작품은 갈래에 따라 글의 특성과 요소가 다르므로 접근하는 방법 또한 달라야 한다. 이 책은 문학의 갈래에 따라 어떻게 읽어야 하고, 글 속에서 찾아내야 하는 보물들이 무엇인지, 그것들을 아이가 캐낼 수 있게 하려면 독서 멘토가 먼저 무엇을 알고 또 어떻게 질문해야 하는지, 그리고 그것을 어떻게 쓰도록 지도해야 하는지에 대해 상세히 알려줌으로써 자녀에 대한 독서 지도에 실제적인 도움을 주고자 한다.

여기에 읽기 대상으로 삼은 책들은 재미와 감동을 주며 좋은 인성 형성에도 도움이 될 만한 내용을 가진, 검증된 작품들이다.

우리 아이가 높은 독서 능력으로 책을 즐겨 읽어 평생의 지적 재산을 쌓기를 원하는 부모들에게 권한다.

"아이와 함께 읽으세요. 그리고 독서대화를 나누세요."

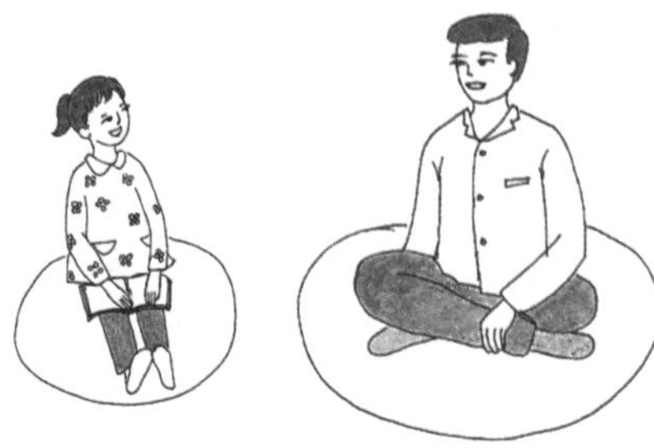

| 독서 멘토의 유의 사항

1. 이 책은 문학 작품들을 대상으로 하였다. 문학 작품은 갈래의 특성에 따라 이해하고 감상하는 방법이 다르므로, 책에 대한 소개에 이어 책에서 캐내야 할 보물(글의 요소)들을 제시해 놓았다. 멘토가 먼저 읽고 그 보물들을 발견한 후에 독서대화를 나누되, 아이 스스로 그것들을 캐낼 수 있도록 대화를 이끈다.

2. 읽은 글에 대해 멘토의 생각을 먼저 말하지 않는다. 아이가 자유롭게 생각하고 표현할 수 있게 한다. 아이가 생각할 방향을 정해주거나 어른의 생각을 주입하려 하지 않아야 한다.

3. 가르치지 말고 이끌어야 한다. 아이가 바르게 대답하면 맞장구쳐 주고, 멘토의 생각과 다른 방향으로 가면 어떤 부분에서 생각의 차이가 생겼는가를 함께 찾아내어 바르게 이해하는 길로 이끌어야 한다. 대답이나 글쓰기를 잘하면 칭찬해 준다.

4. 아이 스스로 책 속의 보물들을 찾아내도록 적절한 질문을 한다. 질문을 이해 못하면 쉬운 말로 바꿔서 알아듣게 묻는다.

5. 아이가 알아야 할 용어나 개념을 정확하게 알려준다. - 함께 사전을 찾아보는 것이 좋다.

6. 글의 내용을 짧게 요약하여 말하게 하고 그것을 글로 쓰게 한다. 글에 있는 표현 그대로를 옮기지 않게 하고 아이 자신의 말로 표현하게 한다. 짧은 글을 요약하기는 어렵지 않지만 장편소설과 같은 글은 짧게 압축하여 쓰는 것이 쉽지 않다. 줄거리를 다 쓸 것이 아니라 "나 이러이러한 소설 읽었어."라고 말하듯 간략히 다섯 줄 내외로 쓰게 한다. 아무리 긴 글이라도 열 줄을 넘지 않게 한다.

7. 아이가 원하면, 하루에 여러 개의 글을 읽고 독서대화를 나누어도 좋으나, 억지로 매일 하려 들지 않는다. 일주일에 한두 편 정도 읽으면 두 사람 모두에게 부담이 없을 것이다. 독서대화가 거듭됨에 따라 아이의 독서 능력과 사고력이 놀랍게 향상되어 머지않아 멘토 없이 아이 혼자 독해와 감상이 가능해진다.

차례

시(詩) / 김용택, 윤동주, 안도현, 정지용

초정리 편지 / 배유정

마음을 열어주는 101가지 이야기 / 잭 캔필드 외

어린 왕자 / 생떽쥐베리

이솝 이야기

1. 세 마리 개구리
2. 황금알을 낳는 거위
3. 사자와 생쥐
4. 머리와 꼬리
5. 말과 당나귀

이솝 이야기

이솝

처음 독서대화를 시작하려는 독서 멘토와 아이를 위해 '이솝 이야기'를 골랐다. 이솝 이야기는 동물들을 빌려서 사람들에게 교훈을 주기 위해 만든 우화이다. 이야기마다 5분 이내로 읽을 수 있는 짧은 내용이어서 집중력이 약한 독서 초보자도 부담 없이 쉽게 읽을 수 있는 책이다. 등장하는 동물들이 사람들의 행동을 보여주어 읽는 이에게 깨달음을 주므로 아이 교육에 유익한 책으로 널리 알려져 있다.

이야기에 자신을 비추어 보거나 주변에서 그런 사람들을 찾아보게 하고 삶에서 어떤 태도가 중요한지 아이가 충분히 생각하여 말하게 하고 이어서 그것을 글로 쓰게 한다.

책 속의 보물

1. 동물들을 등장시켜 사람을 풍자한 이야기 - 우화
2. 이 동물의 특성을 가진 사람은 어떤 사람인가 경험 속에서 찾아보기
3. 나에게 이 동물과 같은 모습이 있는지 살펴보기
4. 이야기 속 교훈 찾기

독서대화의 시작

편안한 시간에 아이에게 책을 보이며 흥미를 일으킨 다음 함께 읽고 이야기를 나누자고 권한다. 아이가 읽겠다고 하면 내용을 이해하며 읽는지 살펴보고, 아이가 읽으려 하지 않으면 독서 멘토가 읽어 주되 아이가 잘 듣고 있는지 표정을 살피며 읽는다. 감정을 넣어 실감나게 읽어 주면 더 좋겠다.

책을 읽고 나서 아이가 이해했는지 알아보기 위한 질문을 한다. 내용을 이해한 것 같으면 이야기 줄거리를 말해 보게 한다. 이솝 이야기는 구조가 단순하므로 줄거리 말하기에 어려움이 적을 것이다.

아이는 줄거리를 말하기 위해 머릿속에서 이야기를 정리하게 되는데, 줄거리를 정리하여 말하지 못하면 멘토가 거들어준다.

줄거리 말하기가 이루어지면 그것을 글로 쓰게 한다. 쓴 것을 보면 아이가 책의 내용을 제대로 이해했는지를 더 분명히 알 수 있다. 줄거리는 가능한 한 짧게 요약해서 쓰되 이야기의 핵심 내용이 들어가게 한다.

줄거리 쓸 때 책에 있는 문장이나 표현을 그대로 옮기기 쉬우나, 가능하면 책의 문장 그대로 옮기지 않고 자신의 표현으로 자연스럽게 쓰게 한다.

1

세 마리 개구리

본문

개구리 세 마리가 있었다. 그들은 서로 어울려 정신없이 뛰어 놀았다. 서로 쫓고 쫓기면서 노는 데 온 정신이 팔린 개구리들은 그러다가 한꺼번에 우유 통에 빠지고 말았다. 정신이 든 개구리들은 주위를 둘러보았다. 아무리 둘러보아도 빠져나갈 구멍이 없었다.

첫 번째 개구리는 두 발을 모으고 가만히 앉아 있기로 했다.

두 번째 개구리는 구석구석 여러 번 돌아다니며 살펴보았다. 우유 통에 몇 번 부딪쳐 보기도 했다. 그러나 아무래도 나가는 게 불가능하다고 생각하였다. 결국 밖으로 나가는 것을 포기하여 우유 통 안에서 죽고 말았다.

세 번째 개구리는 '분명 무슨 방법이 있을 거야. 세상에 불가능한 일이란 없어. 내가 여기서 죽을 수는 없어.'

이렇게 생각한 개구리는 얼굴을 우유 밖으로 내밀고 계속 헤엄을 쳤다. 시간이 흐르고 개구리 몸에서 기운이 점점 빠져나갔지만 포기하지 않았다.

개구리의 몸짓이 점점 느려지고 몸이 점점 바닥으로 가라앉으려 할 때, 개구리의 뒷발에 뭔가 단단한 것이 밟혔다. 개구리는 얼른 정신을 가다듬고 그 단단한 것을 밟고 몸을 지탱했다. 단단한 것이 점점 더 위로 올라왔다. 마침내 우유 통 안은 단단한 것으로 가득 찼다. 개구리가 계속 휘저은 바람에 우유가 차츰 굳어진 것이었다. 정신을 차린 세 번째 개구리는 우유 통 밖으로 빠져나올 수 있었다.

포기하지 않고 끝까지 노력한 세 번째 개구리는 잃을 뻔했던 생명을 마침내 지킬 수 있었다.

독서대화

어머니 정민아, 엄마랑 재미있는 책 같이 읽어 볼까?

정 민 무슨 책인데요?

어머니 '이솝 이야기'라는 책이야. 네가 좋아하는 동물들이 등장하는 재미있는 이야기들이 있단다. 하나씩 읽어 볼까?

정 민 와! 좋아요. 제가 읽을게요.

어머니 그래 좋아. 첫 번째 이야기가 뭐지?

정 민 '세 마리 개구리'요. 재미있을 것 같아요.

(읽기를 마치고)

어머니 무슨 이야기니?

정 민 개구리 세 마리가 우유 통에 빠졌는데요.

어머니 그랬는데?

정 민 첫 번째 개구리는 우유 통에서 가만히 앉아 있었어요.

어머니 우유 통이 어떤 걸까?

정 민 제가 들고 마시는 우유병이 아닌 것 같아요. 아마도 목장에서 쓰는 큰 우유 통일 것 같아요.

어머니 그럴 것 같구나. 그럼 개구리가 거기에 빠져서 가만히 앉아 있었으면 어떻게 되었을까?

정 민 밑에 금방 가라앉아 죽었겠죠.

어머니 그럼 두 번째 개구리는?

정 민 통에서 나가려고 몇 번 애쓰다 금방 포기해서 역시 죽었어요. 세번째 개구리만 살아 나왔어요. 우유 통 속에서 끝까지 포기하지 않고 나가려고 헤엄을 치니까 우유가 딱딱하게 굳어져서 그걸 밟고 밖으로 나왔어요.

어머니 이야기를 정리해서 짧게 말해 볼 수 있겠니?

정 민 개구리 세 마리가 놀다가 우유 통에 빠졌는데 첫 번째 개구리는 가만히 있었고, 두 번째 개구리는 조금 노력하다가 포기했어요. 세 번째 개구리는 계속 헤엄쳐서 우유 통 밖으로 나와서 살았어요.

어머니 옳지, 잘했어. 그걸 글로 써 볼래?

정 민 네.

개구리 세 마리가 뛰어 놀다 우유 통에 빠졌다. 한 마리는 아무것도 하지 않고 가만히 앉아 있다 죽었고, 또 한 마리는 나가려고 몇 번 노력하다가 곧 포기하여 죽었다. 나머지 한 마리는 우유 통 밖으로 나가려고 끝까지 포기하지 않고 헤엄을 쳤고, 그 바람에 딱딱하게 굳어진 우유를 밟고 밖으로 나와 살았다.

어머니 잘했다. 넌 어떤 개구리가 마음에 드니?

정 민 세 번째 개구리요.

어머니 왜?

정 민 똑같이 막막한 상태이지만 방법을 찾으려고 포기하지 않고 노력해서 탈출에 성공했으니까요.

어머니 너라면 어떤 개구리처럼 행동했을까?

정 민 물론 세 번째 개구리처럼 했을 거예요. 포기하지 않고 끝까지 노력해야죠.

어머니 좋아. 그러면 첫 번째 개구리는 어떤 사람일까?

정 민 첫 번째 개구리는, 어려워 보이는 건 처음부터 포기하고 노력하지 않는 사람이에요.

어머니 예를 들어 볼 수 있을까?

정 민 우리 반 아이 중에 내일이 피피티(PPT) 발표하는 날인데 만들기가 어렵다고 생각하고 처음부터 포기해 버리는 아이가 있었거든요. 그 애가 그런 사람이에요.

어머니 두 번째 개구리에 해당하는 사람은?

정 민 피피티 만들기를 시작했다가 힘들어 중간에 포기하는 아이요.

어머니 그럼 세 번째 개구리는?

정 민 만들기가 어려워도 포기하지 않고 애써서 완성하여 발표를 해내는 아이요.

어머니 우리 정민이는 항상 세 번째 개구리처럼 행동할까?

정 민 그런 것 같긴 한데…… 생각해 보니 두 번째 개구리처럼 중간에 포기한 적도 있어요.

어머니 어떤 걸 포기했니?

정 민 뜀틀 높이뛰기 할 때 몇 번 해보다가 안 돼서 포기했거든요.

어머니 그건 언제든지 다시 도전할 수 있는 거잖니?

정 민 네. 그래서 다시 해보려고요. 넘을 수 있을 때까지요.

어머니 할 수 있을 거야. 엄마도 응원할게.

그럼 다시 이야기로 돌아가자. 이 이야기를 읽고 뭘 느꼈니?

정 민 세 번째 개구리처럼 노력하면 좋은 결과를 얻을 수 있다는 것을 알게 되었어요. 그리고 두 번째 개구리처럼 포기하고 싶을 때도 세 번째 개구리를 떠올리며 노력할 수 있을 것 같아요. 이제부터는 제가 해야 할 일은 포기하지 않고 노력해 좋은 결과를 얻는 사람이 되고 싶어요.

어머니 좋아. 그런데 이 이야기가 개구리 이야기일까?

정 민 아니요. 사람 이야기예요. 동물이 사람처럼 행동하면서 교훈을 주는 이야기요.

어머니 그래. 이런 이야기를 뭐라고 부르는지 아니?

정 민 음…… 모르겠는데요.

어머니 우화라고 한단다.

정 민 우화요?

어머니 그래. 사전에서 우화의 뜻을 찾아볼까?

정 민 우화라는 말이 여러 개 있어요.

어머니 소리와 글자가 같으면서 뜻이 다른 말들이 더러 있단다. 여러 개의 우화 중에서 어떤 뜻을 가진 것이 맞을까 찾아보렴.

정 민 찾았어요. "우화 - 인격화한 동식물이나 기타 사물을 주인공으로 하여 그들의 행동 속에 풍자와 교훈의 뜻을 나타내는 이야기. '이솝 이야기' 등이 여기에 속한다."라고 쓰여 있어요.

어머니 '인격화'라는 말이 어렵지?

정 민 사람처럼 만들었다는 뜻 같아요.

어머니 맞아.

정 민 풍자라는 말도 좀 어려운데요.

어머니 '풍자'도 찾아볼까?

정 민 "풍자 - 문학 작품에서 현실의 부정적 현상이나 모순 따위를 비웃으면서 씀." 아, 비웃는다는 거네요. 바람직하지 않은 것을 풍자하면서 교훈을 주는 이야기가 우화라는 거죠? 우화가 뭔지 잘 알겠어요.

어머니 우리 정민이 이해력이 좋구나.

좋아. 그럼 이 이야기에 등장하는 개구리들은 어떤 사람을 풍자한 걸까?

정 민 첫 번째와 두 번째 개구리 같은 사람이요. 노력하지 않고 일찍 포기하는 사람들이요.

어머니 그렇구나.

작가가 이 이야기로 독자에게 하고 싶은 말이 뭘까?

정 민 어려움이 닥쳤을 때 미리 포기하지 말고 끝까지 노력하여 이겨내자는 것 아닐까요?

어머니 바로 그거야.

그러면 이 이야기를 읽고서 느낀 것을 글로 쓸 수 있겠니?

정 민 네. 해 볼게요.

〈감상문1〉 3학년 김수영

세마리 개구리

우유 통에 빠졌을 때 첫 번째 개구리는 노력을 해 보지도 않고 바로 포기해서 죽었다. 두 번째 개구리는 조금 노력하다가 포기했다. 하지만 세 번째 개구리는 끝까지 포기하지 않고 헤엄쳐 우유가 굳어 나올 수 있었다.

첫 번째 개구리는 인내심이 없는 것 같고 두 번째 개구리는 인내심이 조금 있기는 하지만 잘 되지 않으면 금방 포기해 버리는 성격인 것 같다. 세 번째 개구리는 뭐든지 해 보려고 노력하고, 되지 않을 것 같아도 더 열심히 노력해 성공하려는 생각을 가지고 있는 것 같다.

세 번째 개구리처럼 어려움 속에서도 노력하면 좋은 결과를 가질 수 있다는 것을 알았다. 그리고 첫 번째, 두 번째 개구리처럼 포기하고 싶을 때도 세 번째 개구리를 떠올리며 노력할 수 있을 것 같다. 나도 세 번째 개구리처럼 노력해 좋은 결과를 얻는 사람이 되고 싶다.

어머니 글의 내용을 잘 이해했고, 세 번째 개구리처럼 노력하겠다니 좋구나. 네 생각도 잘 표현했다.

정 민 엄마랑 같이 읽고 이야기 나누니까 재미있어요. 글로 쓰기도 쉽고요. 만날 이렇게 해요, 엄마.

어머니 그러자. 엄마도 대찬성. 하루에 하나씩 해 볼까?

정 민 저도 대찬성!

엄마와 독서대화하면서 아이 스스로 글의 내용을 이해했고 글이 주는 교훈을 깨달았기 때문에 그것을 글로 옮기는 일이 어렵지 않았다. 아이의 글을 읽고 잘된 부분은 칭찬하고 부족한 부분은 점차 나아질 것이라고 격려하는 것이 중요하다.

혼자 하는 글쓰기가 처음이라서 글의 문맥이 맞지 않은 부분이 있거나, 맞춤법에 어긋나는 것이 있다면 같이 읽으면서 어색한 부분을 아이와 함께 다듬는다. 맞춤법은 사전을 찾아가며 아이 스스로 고치도록 돕는다.

다른 아이의 글을 소개한다.

〈감상문2〉 4학년 이민지

개구리의 선택

개구리 세 마리가 놀다가 우유 통에 빠졌다. 개구리들은 각각 다른 선택을 했다. 첫 번째 개구리는 살 희망이 없다고 생각하여 우유에 빠져 죽었고, 두 번째 개구리는 조금 노력하다가 힘이 들어서 희망을 잃고 빠져 죽었다. 세 번째 개구리도 힘이 들었지만 계속해서 헤엄쳤다. 힘이 들어 빠지기 직전에 우유가 굳어져 단단한 것이 밟혔다. 그래서 세 번째 개구리는 그것을 발판으로 삼아 뛰어올라 우유 통 밖으로 나와 목숨을 건졌다.

이 세 마리의 개구리들은 제각각 행동이 달랐는데 내 친구들과 행동이 비슷하였다. 우리 반 친구들 중에서는 공부를 열심히 하고 체육 수행평가가 어렵더라도 항상 최선을 다하는 친구들이 있는가 하면, 학교에서 무슨 과제나 숙제를 내주고 수형평가를 볼 때마다 항상 포기하거나 전혀 노력하지 않는 친구들이 있다.

나도 평소에 포기만 하는 친구들처럼 되면 안 되겠다고 생각했지만 이 '세 마리 개구리'라는 이야기를 읽으면서 생각이 더욱 확실하고 분명해졌다. 나는 옳지 않은 일이 아닌 이상 절대 포기하지 않을 것이다.

이 아이도 어려움 없이 잘 썼다.

흔히 독후감이라 하여 줄거리를 길게 쓰고 그 뒤에 느낀 점을 간단히 쓰는, 틀에 박힌 형식으로 글을 쓰게 하는 것은 바람직하지 못하다.

줄거리를 길게 쓰는 것은 아이를 고통스럽게 하는 일일 뿐 아니라 아이의 사고력 발달에도 큰 도움이 되지 못하는 일이다. 독후감 쓰기가 두려워 책을 읽지 않으려는 아이들도 있다.

줄거리는 가능한 한 짧게 요약하여 쓰게 하는 것이 좋다. 그 이유는, 짧게 요약하는 것은 글의 주제와 핵심 내용을 이해해야 가능하다. 글의 중심 이야기와 부수적인 이야기를 가려내어 글의 핵심을 파악해내는 가운데 독해력과 사고력이 향상되기 때문이다.

독서 후의 글쓰기는 글에서 얻은 생각을 자유롭게 펼칠 수 있도록 형식을 제한하지 않고 쓰게 해야 한다.

2

황금알을 낳는 거위

본문

어느 집 마나님이 신기한 거위 한 마리를 가지고 있었다. 이 거위는 알을 낳기 시작했는데, 신기하게도 하루에 황금알을 한 개씩 낳았다.

"우리 거위가 최고야. 매일 황금알을 하나씩 낳다니!"

마나님은 무척 기뻐하며 거위를 끔찍이 사랑했다. 그리고 황금알을 팔아서 점점 부자가 되었다.

그러다가 마나님 마음속에 욕심이 생겨났다.

"하루 빨리 더 큰 부자가 되고 싶은데, 하루에 황금알이 한 개씩이라니 얼마나 지나야 더 큰 부자가 돼?"

마나님은 하루 하나씩밖에 낳지 않는 거위가 원망스러워졌다.

"거위 뱃속에는 아마 황금알이 가득 들어 있을 거야. 그러니까 날마다 황금알을 낳을 수 있는 거지."

마나님은 욕심이 점점 더 커져서 한꺼번에 많은 황금알을 가지고 싶었다.

"옳지. 거위를 잡자. 뱃속에 황금알이 가득할 테니까. 그러면 나는 단번에 큰 부자가 될 거야."

어느 날 욕심에 눈이 먼 마나님이 날카로운 칼로 거위의 배를 갈랐다. 그러나 거위의 뱃속에는 황금알이 하나도 들어 있지 않았다. 그 거위의 뱃속은 다른 거위의 뱃속과 전혀 다르지 않았다.

"아! 내가 잘못했다. 한꺼번에 황금알을 많이 얻으려고 욕심을 부리다가 이젠 황금알을 구경도 못하게 됐네……"

땅을 치며 울었지만, 차근차근 기다릴 줄 모르는 마나님의 욕심 때문에 죽은 거위는 되살아나지 않았다.

어머니 정민아, 오늘은 어떤 이야기 읽어볼까? '황금알을 낳는 거위' 어때?

정　민 좋아요. 재미있을 것 같아요.

(읽고 나서)

어머니 무슨 이야기인지 알겠니?

정　민 네. 욕심을 크게 부리다가 크게 후회했다는 이야기예요.

어머니 그래. 이야기 줄거리를 말해 볼래?

정　민 어떤 사람이 하루에 황금알을 하나씩 낳는 거위가 있어서 그걸 팔아 점점 부자가 되었는데, 더 큰 욕심이 생겨 한꺼번에 많은 황금알을 얻으려고 거위를 배를 갈랐다가 황금알을 하나도 얻지 못하고 거위만 죽이고 말았다는 이야기예요.

어머니 좋아. 그걸 글로 옮겨 보겠니?

정　민 네.

어느 마나님이 신기한 거위 한 마리를 가지고 있었다.

이 거위는 알을 낳을 때마다 황금알을 한 개씩 낳았다. 그러자 마나님은 기뻐하며 그 황금알을 팔아서 점점 부자가 되었다. 그러다 보니 욕심도 점점 커지게 되어 빨리 부자가 되고 싶은 마음에 거위의 뱃속에는 많은 황금알이 들어 있을 거라 생각하고 거위의 배를 갈랐다. 하지만 거위의 뱃속에는 아무것도 들어 있지 않았다. 마나님은 자기 욕심 때문에 거위를 죽인 것을 후회했다.

어머니 정민아, 글의 내용을 말로 할 때와 글로 쓸 때 어떤 차이가 있었니?

정 민 글로 쓸 때가 말로 할 때보다 생각을 더 많이 하게 되고, 더 잘 정리해서 표현할 수 있는 것 같아요.

어머니 그렇지? 그게 글쓰기의 좋은 점이란다.

정 민 아, 그렇구나.

어머니 이 마나님이 가난했니?

정 민 아니요. 거위가 매일 황금알을 낳아줘서 이미 부자가 되어 있었어요.

어머니 그런데 왜 거위의 배를 갈랐지?

정 민 더 빨리 큰 부자가 되고 싶어서요. 거위의 뱃속에 황금알이 가득 들어 있을 거라고 생각해서 한꺼번에 많은 황금알을 꺼내서 부자가 되려고 했어요.

어머니 뱃속에 황금알이 많이 들어 있었니?

정 민 아니요. 없었어요. 알이 하루에 하나씩 생기는 거니까요.

어머니 그래서 거위가 어떻게 되었지?

정 민 마나님이 배를 가르는 바람에 죽고 말았어요.

어머니 거위가 죽고 나서 마나님의 마음이 어땠을까?

정 민 다시는 황금알을 얻을 수 없게 돼서 무척 속상했을 것 같아요. 욕심 때문에 거위를 죽인 걸 계속 후회했을 거예요.

어머니 마나님은 어떤 사람이라고 생각하니?

정 민 욕심이 많고 어리석은 사람이요. 매일 황금알을 낳아 주는 신기한 거위를 가지게 되면서 욕심이 점점 커졌어요. 거위를 잘 돌보기만 하면 평생 부자로 잘 살 수 있을 텐데 욕심이 지나쳐서 거위를 죽인 어리석은 사람이에요.

어머니 이런 사람이 주변에 있을까?

정 민 있다고 생각해요. 많을 것 같은데…… 우선 우리 집에도 있어요.

어머니 누구?

정 민 수민(정민의 동생)이요. 저번에 엄마가 해 주신 떡볶이를 수민이가 많이 먹겠다고 냄비째 들고 가다가 쏟아서 다 못 먹었었잖아요.

어머니 어, 그런 적이 있었지. 너는 그런 적 없니?

정 민 사실 며칠 전에 엄마가 사다 놓으신 딸기를 혼자 먹으려고 수민이 못 보게 제 방에 감춰 놓았었는데 저녁 때 먹으려고 보니까 다 망가져서 하나도 못 먹었어요. 얼마나 후회했다고요. 이 마나님과 별로 다르지 않았어요. 헤헤……

어머니 하하… 그랬구나.

작가가 이 이야기를 쓴 목적이 뭘까?

정 민 지나친 욕심을 부려서는 안 된다는 교훈을 주는 것이겠죠. 이야기 제목을 '마나님의 욕심 때문에 죽은 거위'로 바꾸면 좋을 것 같아요.

어머니 오, 그것 참 좋구나.

이번에도 글로 쓰고 싶은 게 있지?

정 민 네. 쓰고 싶어요.

〈감상문1〉 5학년 김하늘

마나님의 욕심 때문에 죽은 거위

어느 마나님이 신기한 거위 한 마리를 가지고 있었다. 이 거위는 알을 낳을 때마다 황금알을 한 개씩 낳았다. 그러자 마나님은 기뻐하며 그 황금알을 팔아서 점점 부자가 되었다. 그러다 보니 욕심도 점점 커지게 되어 빨리 부자가 되고 싶은 마음에 저 거위의 뱃속에는 많은 황금알이 들어 있을 거라 생각하고 거위의 배를 갈랐다. 하지만 거위의 뱃속에는 아무것도 들어 있지 않았다. 마나님은 크게 후회했지만 한 번에 많은 것을 얻으려는 욕심 때문에 죽어 버린 거위는 다시 살아나지 않았다.

저 이야기에 나오는 마나님은 운이 좋아 황금알을 낳는 신기한 거위를 가졌는데도 더 큰 욕심을 부리다가 큰 손해를 보게 되었다.

이솝이야기는 단순한 이야기가 아니다. 실제로 그런 사람들에게 교훈과 깨달음을 주는 이야기이다. 나도 이런 이야기를 읽다가 처음에는 '정말 이런 사람이 있을까' 하고 생각했는데 또 생각해 보니 그런 사람들이 주변에 있다.

사람들의 이야기나 뉴스를 들어보면 이 이야기와 같은 내용이 나온다. 복권에 당첨되거나 뜻하지 않은 횡재를 하게 된 사람들이 그 돈으로 놀고 쉬고 자기가 사고 싶은 거 막 사려다가 하루

아침에 다시 거지가 된다는 이야기다.

이 이솝 이야기가 세상 사람들에게 널리 알려져, 몰랐던 사람들이 교훈으로 삼아서 무언가를 좀 깨우쳤으면 좋겠다. 나도 마찬가지다.

마지막으로 이 마나님처럼 큰 욕심을 부리지 말아야 한다는 생각이 들었다. 그래서 나는 부지런하고 착실하며 성실하게 일하여 조금씩 저축할 것이다. 그렇게 하여 부자가 되는 길이 바로 빌 게이츠나 스티브 잡스처럼 진정한 부자가 될 수 있는 길인 것 같다. 우리 모두 욕심부리지 말고 착하고 성실하게 살자.

어머니 오, 정말 잘 썼구나. 우리 정민이가 지나치게 욕심부리지 않는 사람이 되겠구나.

정 민 네. 그럴 거예요.

다음은 다른 아이가 쓴 글이다.

〈감상문2〉 4학년 최 율

욕심은 후회를 낳는다

이 이야기에 나오는 마나님은 참 욕심쟁이다. 거위가 매일매일 낳는 황금알을 가지고도 얼마든지 부자로 잘 살 수 있을 텐데 지나치게 욕심을 부리다가 더 이상 황금알을 얻을 수 없게 되었다. 욕심만 많았지 지혜롭지 못하고 어리석은 사람이다.

그런데 생각해 보니 나도 욕심부렸다가 후회한 적이 있다. 작년 학교 행사 때 어머니들이 간식으로 아이스크림을 가져 오셔서 하나씩 나누어 주시고 여러 개가 남았는데 내가 더 먹겠다고 세 개나 가져 왔다가 다 먹지도 못하고 녹아서 그냥 버리고 말았던 적이 있다. 그리고 엄마가 떡볶이를 만드시고 조금씩 덜어 먹으라고 하셨는데 한꺼번에 다 먹겠다고 통째로 들고 오다가 너무 무거워 쏟고 말아서 먹지 못했던 적도 있었다. 아마 더 있을지도 모르겠다.

지나친 욕심은 후회를 낳는다는 것을 다시 한 번 깨달았다.

책을 읽은 후의 글쓰기는 무엇보다 읽은 글에 대한 이해가 바탕이 되어야 한다. 그리고 이해한 것을 질서 있게 전개해야 좋은 글이 된다. 글을 쓰는 능력은 풍부한 독서와 글쓰기 훈련에 의해 향상될 수 있다.

3

사자와 생쥐

본 문

숲 속의 왕 사자가 따뜻한 햇볕 아래 졸고 있었다. 그 때 생쥐 한 마리가 주위를 한눈팔며 가다가 잘못하여 사자의 수염을 건드려 깨우고 말았다. 화가 난 사자는 생쥐를 잡아 앞발로 꽉 눌렀다.

"이놈! 조그만 놈이 겁도 없이 내 단잠을 깨워?"

생쥐가 애처롭게 빌었다.

"사자님, 한 번만 용서해 주세요. 용서해 주신다면 그 은혜를 잊지 않고 꼭 갚겠어요."

"흥, 네까짓 조그만 놈이 은혜를 갚겠다고? 껄껄껄, 좋아. 살려 주마."

사자는 생쥐의 말이 가소롭게 들렸지만 코웃음치며 살려 주었다.

며칠 뒤, 사자는 잘못하여 사냥꾼이 쳐 놓은 그물에 걸리고 말았다. 아무리 힘이 센 사자였지만 그물이 질기기 짝이 없어 도무지 빠져 나올 수가 없었다.

"아이고, 원통해라. 숲속의 왕인 내가 그물에 갇혀 죽게 되다니."

사자는 원통해하며 큰 소리로 길게 울부짖었다. 이때 먼 곳에 있던 생쥐가 사자의 울음소리를 들었다. 그리하여 재빨리 울음소리가 들리는 곳으로 달려갔다. 그리고는 날카로운 이빨로 그물을 물어뜯어 사자를 빠져나오게 해 주었다.

"어때요? 사자님, 사자님은 내가 생쥐라고 비웃었지만 내게도 당신을 구할 수 있는 힘이 있다는 것을 아셨어요?"

사자는 생쥐에게 고개를 숙여 사과했다.

"고맙다, 생쥐야. 지난번에 내가 건방진 말을 한 것 정말 미안하다."

독서대화

정　민　엄마, '사자와 생쥐' 같이 읽어요.

어머니　그럴까?

어머니　네가 줄거리를 말해 볼래?

(읽고 나서)

정　민　생쥐가 사자한테 잡혔을 때 자기를 살려주면 나중에 자기도 사자에게 은혜를 갚겠다고 하니까 사자가 생쥐를 살려주면서 네까짓 게 나한테 어떻게 은혜를 갚겠느냐고 비웃었는데 나중에 사자가 그물에 걸렸을 때 생쥐가 그물을 물어뜯어 구해주니까 사자가 생쥐에게 건방지게 말해서 미안하다고 사과하였다는 이야기예요.

어머니　그걸 정리해서 써 볼래?

정　민　네.

낮잠 자는 사자의 수염을 생쥐가 건드리니까 사자가 화가 나서 생쥐를 잡아먹으려고 했다. 생쥐가 사자에게 한 번만 살려주면 은혜를 갚겠다고 하니까 사자가 비웃으며 풀어줬다. 그런데 어느 날 사자가 그물에 걸려서 우는 소리를 듣고 생쥐가 달려와서 이빨로 그물을 뜯어 사자를 구해주니까 사자가 생쥐에게 고마워하며 전에 무시한 것을 미안하다고 했다.

어머니 잘했다. 사자는 어떤 사람을 풍자한 걸까?

정 민 자기가 힘이 세고 돈이 많다고 자기보다 약하거나 가난한 사람을 얕보다가, 어려움을 당했을 때 자기가 얕보던 사람한테서 도움을 받자 미안해하는 사람이요.

어머니 하하… 그래. 그럼 생쥐는 어떤 사람이지?

정 민 남이 볼 때 겉으로는 약해 보여도 나름대로 장점이나 특기가 있는 사람이에요. 자기보다 강해 보이는 사람을 도와줄 정도로 숨은 실력이 있는 사람이요.

어머니 오, 좋다. 그럼 사자 같은 사람의 예를 들어볼래?

정 민 돈이 많다고 그렇지 않은 사람들을 비웃다가 한 순간에 망하여 자기가 무시하던 다른 사람들에게 돈을 꾸어서 먹고살게 된 사람… 이런 사람 있지 않을까요?

어머니 너, 이 사자와 같은 사람을 겪어 본 적 있니?

정 민 (웃으며) 형이요. 저한테 수학을 가르쳐 줄 때마다 넌 왜 이렇게 못하느냐고, 자기가 내 나이일 때 수학을 얼마나 잘한 줄 아느냐고 잘난 척하고 저를 구박했거든요. 그런데 형이 그림 그리기 숙제를 잘 못해서 쩔쩔맬 때 제가 도와줬어요. 헤헤…

어머니 하하… 네가 이 이야기에 나오는 생쥐였구나.

정 민 그때 이후론 형이 절 덜 무시하는 것 같아요. 헤헤…

어머니 형이 너한테 항상 이 사자처럼 구니?

정 민 항상 그러진 않아요. 형이 수학 잘하니깐 제가 수학 문제

푸는 거 가르쳐 달라고 할 때만 그래요.

어머니 이 이야기에는 어떤 교훈이 들어 있을까?

정 민 "아무리 보잘 것 없는 사람이라도 장점이 있다."

어머니 또?

정 민 "사람은 누구나 장점과 단점이 있다."

"다른 사람을 함부로 깔보아서는 안 된다."

"겸손하게 살아야 한다."

어머니 오, 다 좋은데. 생쥐 같은 사람에게는 어떤 교훈을 줄까?

정 민 "내가 남들보다 약해도 기죽지 말고 나만의 실력을 기르자."

어머니 좋구나. 혹시 너한테도 사자 같은 점이 있니?

정 민 내가 축구 잘한다고 잘 못하는 친구를 옆 반과 경기할 때 빠지라고 한 적이 있었어요. 그 친구 풀 죽은 모습이 생각났어요. 지금 생각해도 미안해요. 평소에 그 친구 없으면 축구를 못하는데……

어머니 그런 적이 있었구나. 이 글 읽고 반성하는 마음이 들었겠네.

정 민 그때도 반성했는데 다시 반성하게 됐어요.

어머니 생쥐 같은 점은?

정 민 수학 공부할 때요. 헤헤… 그리고 학기 초에 제 키가 작다고 무시하려는 애들이 좀 있었는데 제가 축구 잘하는 걸 보고는 더 이상 무시하지 않아요.

어머니 그렇구나. 정민아, 군것질 대신 음식 골고루 잘 먹고 키 좀 크자.

정 민 네. 그러잖아도 요즘 과자 줄였어요. 엄마가 해 주시는 음식 잘 먹을게요.

어머니 이 이야기를 읽고 생각하게 된 것을 써 볼까?

정 민 네.

어머니 제목을 너 나름대로 바꿔서 붙여 보는 것도 좋을 것 같아.

정 민 네. '실력자 생쥐' 어때요?

어머니 그거 좋겠구나.

독서대화를 시작한 지 얼마 되지 않았지만 아이가 책을 읽는 것에도 글 쓰는 것에도 능동적으로 움직이는 것을 볼 수 있다.

〈감상문1〉 4학년 최율

실력자 생쥐

이 이야기는 남을 깔보는 사자와, 보잘 것 없어 보이지만 강한 면이 있는 생쥐에 관한 이야기이다. 사자와 생쥐는 대조가 되는 동물이다. 사자는 힘이 세고 무서운 동물로 생각하지만, 생쥐는 작고 약해 보이고 보잘 것 없어 보이기 때문이다. 하지만 생쥐도 자기 나름대로의 장점이 있다. 강할수록 겸손하고 남을 깔보면 안 되는데 사자가 생쥐를 보잘 것 없게 생각하는 것이 매우 건방져 보였다. 그러다 결국 망신당하는 모습이 안타까웠다.

이 이야기는 생각하면 할수록 깨닫고 얻는 것이 많다. 그 많은 교훈들 중에서도 가장 중요한 것이 바로 '겸손'인 것 같다. 아무리 공부를 잘하고 힘이 세더라도 겸손하지 않으면 무시당하기 마련이다. 또 친구들이 오히려 그를 피하거나 멀리할 수도 있다. 친구들 사이에서 항상 자기 자랑만 한다면 누가 그 친구와 친해지고 싶어 할까? 겸손은 '사이좋게 지내기'와도 연관이 크다.

또 중요한 것은 모두에게는 각자의 특별한 장점이 있다는 것이다. 비록 생쥐는 평소에 그의 장점을 찾아보기 어렵지만 언젠가는 그의 장점이 두각을 나타낼 때도 있지 않을까.

내가 잘하는 게 아무것도 없다고 생각한다면 여러 가지 활동을 해 보면서 내 장점을 찾아나가는 것도 좋은 방법이라 생각한다. 또 사자처럼 잘하는 것이 두드러지더라도 약점도 있게 마련이니 너무 잘난 척하면 안 되겠다.

나도 부끄럽지만 사자와 같은 면이 있었다. 우리 반 아이들은 방과 후에 주로 축구를 하며 논다. 나는 축구를 잘해서 거의 주장을 한다. 지난달에 옆 반과 축구 시합을 하기로 해서 경기에 나갈 선수를 뽑는데, 실력이 없어서 번번이 공을 뺏기는 민수가 하겠다고 맨 앞에 나섰다. 나는 민수보고 "너는 빠져."라고 했다. 그때 민수 표정이 거의 울상이 되어 저쪽으로 가는 것을 얼핏 보았지만 옆 반과의 경기에서 이기는 것만 생각하느라 곧 잊어버렸다.

축구 경기가 1대1로 팽팽한 가운데 내가 공을 몰고 가다가 상대팀 수비와 부딪쳐 넘어지면서 발목을 삐었다. 걸음을 걸을 수도 없을 정도로 아파서 절뚝거리며 겨우 나와서 교대할 친구를 찾아보니, 남아 있는 친구는 민수 하나였다. 민수는 고개를 푹 숙이고 앉아 있었다. 나는 그때 민수에게 내가 얼마나 큰 상처를 주었는지 깨달았다. 민수에게 가서 "민수야, 아까는 미안했다. 네가 나가줄래?" 했더니 그제서야 민수가 고개를 들고 일어서서 경기장으로 뛰어 들어갔다.

민수는 그 어느 때보다도 열심히 뛰어서 한 골을 넣어 우리 반이 2대1로 이기는데 가장 큰 공을 세웠다.

그때부터 민수를 다시 보게 되었고 내가 이런 아이를 무시했던 게 부끄러웠다.

아버지께서 항상 겸손하게 살고 남을 업신여겨서는 안 된다고 하셨는데, 나한테도 남을 업신여기는 마음이 있었다는 걸 깨달았다. 이제부터는 이런 마음을 없애고 겸손해져야겠다고 다짐했다.

아이가 글을 읽고 느낀 것과 독서대화를 하면서 다시 깨달은 생각을 잘 정리해서 쓴 예다. 독서대화로 생각이 풍부해지고 그것을 글로 쓰는 가운데 질서 있게 정리되었다.

다른 아이의 글을 보자.

〈감상문2〉 3학년 이민지

사자를 구한 생쥐

이 이야기에서 사자는 힘이 세고 덩치가 크다. 생쥐는 보잘것 없고 작다. 사자는 이런 볼품없는 생쥐를 그냥 잡아먹을 수도 있지만 생쥐가 은혜를 갚는다고 하자 코웃음을 치면서 살려 주었다.

여기까지는 사자가 더 세다는 것을 알 수 있지만 사자가 그물에 갇힌 장면을 떠올리면 동물의 왕인 사자를 살릴 수 있었던 생쥐도 큰 장점이 있다는 것을 알 수 있었다. 아무리 작고 약하더라도 장점이 있다는 것을 깨달았다.

〈감상문3〉 3학년 강예지

생쥐는 사자의 은인

사자가, 작고 약하다고 비웃던 생쥐에게서 도움을 받은 것처럼 작고 보잘 것 없는 사람도 장점이 있으므로 누구도 비웃거나 업신여겨서는 안 된다는 것을 알게 되었다.

나도 예전에 동생은 나보다 무조건 약하다고 생각해 무시했던 적이 있었다. 그런데 엄마가 책 정리를 하라고 할 때 동생은 빨리 먼저 다했고 나는 잘 못해서 허둥지둥하고 있었다. 그때 동생이 내가 정리해야 하는 것을 도와주어서 예전에 동생을 무시했던 것이 미안해지고 부끄러웠던 적이 있다. 앞으로 동생을 무시하지 않아야겠다고 생각했다.

〈감상문2〉와 〈감상문3〉은 길이는 짧지만 내용을 제대로 파악했고 글에서 깨달은 자신의 생각을 분명하게 표현하였다. 이 정도로 쓰는 것도 글쓰기를 잘하는 것이다. 길게 써야만 글을 잘 쓰는 것이라는 편견으로 아이의 글을 판단해서는 안 된다.

4

머리와 꼬리

본문

뱀 한 마리가 길을 가고 있었다. 먹이를 찾아 풀숲을 뒤지기도 하고 장애물이 나오면 피해 가거나 넘기도 하면서 돌아다녔다.

그렇게 한참을 가던 중 갑자기 꼬리가 멈추려고 애쓰며 볼멘 소리를 했다.

"머리야, 잠깐 멈추어 봐. 정말 이제는 더 이상 못 참겠어. 난 도대체 뭐냐? 태어나서 한 번도 앞장서지 못하고 네 뒤를 졸졸 따라다녀야 하니 말이다. 어떤 때는 피곤해서 가기 싫어도 네가 가자면 종처럼 질질 끌려다니기만 해야 하니 너무 불공평한 일 아니냐?"

꼬리의 갑작스런 불만에 머리는 코웃음을 쳤다. 도무지 말도 되지 않는 불평불만이었기 때문이다.

"야, 배고픈데 쓸데없는 소리 그만하고 먹이나 찾으러 다니자."

머리의 시큰둥한 반응에 꼬리는 더더욱 화를 내며 말했다.

"쓸데없는 소리라니? 지금도 네 마음대로 아니냐. 항상 그래. 내

의견이나 생각은 도무지 펼칠 기회가 없어. 알지도 못하는 방향으로 끌려가야 하고. 이젠 이런 생활이 지겹단 말야. 우린 한몸이고 나도 뱀의 일부이니까 지금부터라도 우리의 할 일을 바꾸자. 나도 내 마음대로 방향을 정해 내 마음대로 가 보고 싶어."

"그게 무슨 억지소리냐? 넌 눈도 없고 귀도 없잖아? 그뿐이니? 두뇌도 없고 먹이를 잡아도 먹을 입조차 없잖아. 네 말마따나 우린 한몸이니까 내가 먹는 것도 나만을 위한 게 아니잖아. 우리 몸 모두를 위한 거란 말이야. 그리고 우리의 안전을 위해서도 너와 나의 할 일을 바꾼다는 것은 있을 수 없는 소리야."

"쳇, 또 그 소리. 모두를 위한다고? 난 이제 그런 소리에 싫증났어. 사실 모두를 위한 거라고 하지만 먹이를 잡아도 결국 맛있게 먹는 것은 너뿐이잖아."

계속된 꼬리의 고집에 머리도 은근히 화가 났다. 비록 무모한 일이었지만 한번 큰코다치게 해서 버릇을 고쳐 주어야겠다는 생각도 들었다.

"좋아. 정 그렇다면 네 마음대로 해 봐. 네가 앞장을 서. 내가 뒤따를 테니."

항상 불만스러웠던 꼬리는 무척 기뻐하며 먼저 움직이기 시작했다. 그런데 꼬리가 가는 바로 앞에 시냇물이 흐르고 있었다.

그렇지만 앞을 볼 수 없는 꼬리는 앞에 시냇물이 있다는 것을 알 까닭이 없었다. 그냥 앞에서 곧장 나가던 꼬리는 시냇물에 빠지고 말았다. 물에 빠져 허우적거리던 꼬리는 머리의 도움으로 겨우 물에서 빠져나올 수가 있었다. 그래도 꼬리는 자기가 하던 일을 멈추지 않았다.

이번에는 앞으로 가던 꼬리가 가시덤불 속으로 들어가 버렸다. 가시가 몸을 찌르자 꼬리는 빠져 나오려고 애를 썼다. 그러나 애를 쓰면 쓸수록 점점 가시덤불 속에 묻혀서 꼼짝도 할 수가 없었다.

이번에도 머리가 애를 써서 가시덤불 사이를 간신히 빠져나왔다. 꼬리가 다시 앞장서서 가다가 그만 앞에 불이 나는데도 그것을 보지 못하고 그냥 불 속으로 들어가고 말았다. 점점 몸이 뜨거워지자 꼬리는 무서워지기 시작했다. 놀란 머리가 기를 쓰며 불구덩이 속에서 빠져나오려 했으나 이미 늦었다. 뱀의 몸이 불타기 시작했고 머리도 함께 불에 타서 죽을 수밖에 없었다. 뱀은 결국 앞을 못 보는 꼬리 때문에 죽은 것이다.

이처럼 지도자를 뽑을 때는 언제나 머리와 같이 지혜롭고 능력 있는 사람을 뽑아야 한다. 만일 꼬리와 같은 사람을 뽑는다면 위험에 빠지게 된다.

독서대화

정 민 엄마, 이것도 재미있겠는데요. '머리와 꼬리' 제목이 흥미로워요.

어머니 그렇구나. 읽어 보자.

(읽고 나서)

이번에는 먼저 줄거리를 요약해 볼까?

정 민 뱀의 꼬리가 자신의 생활을 불평하며 머리에게 역할을 바꾸자고 하였어요. 머리는 꼬리가 앞장을 선다고 하자 어이가 없었어요. 그런데도 꼬리가 계속 우기니까 꼬리의 버릇을 고쳐주려고 그러기로 하였어요. 꼬리가 앞장서서 가다가 여러 번 위험한 일을 겪었는데도 꼬리가 계속 앞서 가다가 불구덩이에 들어가서 둘 다 타 죽고 말았어요.

어머니 그걸 글로 써 보자.

정 민 네.

어느 날 머리가 가는 대로 따라가기만 하던 꼬리가 자기도 마음대로 가보고 싶다며 머리와 할 일을 바꾸자고 졸랐다. 머리는 꼬리의 그런 버릇을 고쳐주려고 꼬리를 앞장서게 해 주었다.

꼬리가 가는 대로 따라가다가 물에 빠져 죽을 뻔도 하고 가시덤불에 갇힐 뻔도 하였을 때 머리가 애써서 겨우 빠져나왔지만, 꼬리가 불 속에 들어가자 어쩔 수 없이 함께 불에 타 죽고 말았다.

어머니 역시 글로 쓴 것이 훨씬 정리가 잘 되었구나.
이 이야기는 무엇에 관한 이야기일까?

정 민 지도자에 관한 이야기라고 생각해요.

어머니 옳지. 지도자에 관한 무슨 이야기이니?

정 민 어떤 사람이 지도자가 되어야 하는지, 어떤 사람이 지도자가 되어서는 안 되는지 알려주는 이야기예요.

어머니 그렇구나. 왜 지도자 이야기라고 생각했니?

정 민 몸을 이끌어 가는 일이잖아요. 누가 앞장서서 이끌고 가느냐에 따라 다 같이 잘 살기도 하고 위험에 빠지기도 해요.

어머니 여기서는 누가 지도자가 되는 게 옳았을까?

정 민 그야, 머리죠.

어머니 왜 그렇지?

정 민 머리에는 눈도 있고 귀도 있고 코도 있고 두뇌도 있어요. 그래서 볼 수도 있고 들을 수도 있고 냄새도 맡을 수 있고 생각할 수도 있어요. 여러 가지 능력이 있어서 지혜롭게 몸을 이끌어갈 수 있으니까요.

어머니 꼬리는 어떠니?

정 민 꼬리는 그런 게 하나도 없어서 아무 것도 할 능력이 없어요.

어머니 그런데 꼬리가 왜 앞장서고 싶어 했지?

정 민 머리가 이끌고 가는 대로 따라가야만 하는 게 불공평하다고 생각해서요.

어머니 그래서?

정 민 머리에게 자기와 할 일을 바꾸자고 했어요.

어머니 그랬더니 머리가 어떻게 했니?

정 민 머리가 처음엔 안 된다고 했는데 꼬리가 자꾸 앞장서겠다고 우기니까 할 수 없이 양보했어요. 그래서는 안 되는데……

어머니 그래서 결과가 어떻게 됐지?

정 민 볼 줄도 생각할 줄도 모르는 꼬리가 앞장서 가다가 가시덤불에도 걸리고 냇물에 빠지기도 했을 때 머리가 도와줘서 겨우 살아났는데, 끝내는 불에 들어가 다 타죽었어요.

어머니 안타깝게도 그렇게 됐지.

꼬리는 어떤 사람을 풍자한 걸까?

정 민 아무 능력도 없으면서 지도자가 되었다가 다 함께 망하게 하는 사람이요.

어머니 그런 사람을 본 적이 있니?

정 민 음… 학교에서 직접 본 적이 있어요. 우리 반 친군데요. 잘하지도 못하면서 자기가 대표 하겠다고 우겨서 맡아 놓고는 모둠 활동을 망친 적이 있어요.

어머니 그랬구나. 엄마도 그런 사람들을 겪어 본 적이 있단다. 능력도 없으면서 나서기를 좋아하는 사람을 그 말만 믿고 앞에 나서게 했다가 일을 망쳐서 다 같이 후회했단다.

이 이야기에 나오는 머리 이야기를 해 보자. 머리는 잘했을까?

정 민 아니요. 똑똑하긴 하지만 꼬리에게 앞장설 기회를 준 것을 보면 어리석다는 생각이 들어요. 자기도 같이 망하는 길이라는 걸 알면서도 자기 자리를 내어줬잖아요.

어머니 그렇지? 머리가 어떻게 하면 좋았을까?

정 민 꼬리가 아무리 졸라도 앞장서게 해서는 안 되었어요. 꼬리를 알아듣게 끝까지 설득해서 앞장서지 못하게 했어야 해요. 처음에 가시덤불에서 겨우 살아나왔을 때라도 원래대로 바로잡았어야 했어요. 안타까워요.

어머니 이 이야기에서 느낀 게 많은 모양이구나.

정 민 네. 세상의 모든 것에는 다 각자의 역할이 주어지고 정해져 있다는 걸 알았어요.

어머니 이 글이 주는 교훈을 생각해 보자.

정 민 "지도자는 지혜롭고 능력이 있는 사람이어야 한다."

"능력 있는 사람이 지도자가 되어야 한다."

어머니 좋아. 능력 있는 지도자가 되려면 어떻게 해야 할까?

정 민 지식도 많아야 하고 현명하게 판단해야 하는데…

어머니 지식도 많이 갖추고 현명하게 판단할 수 있으려면 어떻게 해야 할까?

정 민 음… 책을 많이 읽는 것이 좋겠어요.

어머니 왜?

정 민 책에는 많은 지식이 들어 있으니까요.

어머니 정민이가 좋은 지도자가 될 수 있을까?

정 민 책도 열심히 읽고 현명한 사람이 되려고 노력하고 있어요.

어머니 그래. 엄마도 응원한다.
그러면 지도자가 아닌 사람들은 어떻게 해야 할까?

정 민 아, 지도자를 잘 뽑아야지요. 능력을 갖춘 사람을 자신들의 지도자로 잘 뽑아야 하고, 지도자가 앞장서서 잘 이끌어갈 수 있도록 도와야 한다는 것을 깨달았어요.

어머니 너도 지도자 경험이 있지?

정 민 네. 학급 반장을 하고 있잖아요.

어머니 어때, 네가 지도자 역할을 잘하고 있다고 생각하니?

정 민 제가 잘하고 있다고 생각했는데 이 글을 읽고 나서는 반성할 게 생겼어요. 이 글 속의 머리처럼 한 적도 있고 현명하지 못하게 행동한 적도 있어요. 이 글에서 느낀 것이 참 많아요. 글로 써 보고 싶어요.

〈감상문1〉 4학년 김하늘

머리는 머리답게

이야기에서 머리가 꼬리를 따르다가 같이 죽었다. 나도 학급 회장을 맡고 있는데, 꼬리처럼 실수한 경험이 있다. 어떤 아이가 크게 주장하는 대로 따르다가 일을 그르친 적이 있다. 그 아이의 생각이 옳은지 충분히 생각해 보지도 않고 하도 우겨서 그대로 따라했던 거였다. 그 후부터는 더 생각하고 판단해서 현명한 지도자가 돼야지 하고 다짐했다. 또 내가 다른 친구를 뽑는다면 좋은 지도자를 뽑아야겠다.

<감상문2> 3학년 김수영

좋은 지도자

머리는 눈과 두뇌와 입이 있다. 반면 꼬리는 아무것도 없다. 그래서 머리는 꼬리보다 더 좋은 지도자가 될 수 있다. 그런 머리가 잘 생각하지 않고 꼬리에게 지도자의 자리를 내주었다는 것이 이상하다. 지도자로서 꼬리 같은 사람에게 지도자의 자리를 주면 안 된다는 생각을 가지고 있어야 한다. 꼬리는 자기가 해 보고 싶은 것과 할 수 있는 것이 다르다는 것을 생각해 보지 않았다. 나라면 생각해 보았을 것이다. 사고력과 판단력, 지혜가 있는 사람이 지도자가 되어야 한다.

〈감상문3〉 4학년 최 율

지도자

이 세상 모든 것에는 다 각자의 역할이 주어져 있다. 머리는 머리의 역할이 있으며 꼬리는 꼬리의 역할이 따로 있다. 그리고 그 역할대로 맡아야만 질서와 균형이 맞을 수 있다. 만약 자기가 제 역할을 하지 않고 남의 역할을 막 섞어서 한다면 세상은 뒤죽박죽되어 버릴 것이다. 만약 꼬리같이 아무런 능력이나 실력 없이 행동하는 사람이 지도자가 된다면 회사가 망하는 것은 물론이고 자신과 다른 사람들까지도 위험하게 만들 수 있다.

이야기를 읽어 보니 나도 예전에 그런 비슷한 경험이 있다. 학교에서 과제를 내 주었는데 모둠활동이었다. 우리 모둠에는 대표하기 좋아하는 친구가 있었는데 새 학기 시작된 지 얼마 되지 않아 어떤 친구가 어떤지 잘 알지 못하였다. 우리 모둠은 대표를 몹시 하고 싶어 하는 친구를 대표로 뽑아 주었다. 모둠 대표들은 모둠의 준비물과 계획서를 짜서 가져와야 했다. 하지만 우리 대표는 준비물도 하나도 챙겨오지 않고 계획서도 없고 제대로 할 의지도 보이지 않아 우리는 크게 후회하였다.

이처럼 뽑는 사람들은, 유능하고 지혜로우며 책임감 있고 리더십 있는 사람을 잘 가려서 뽑아야 한다. 그리고 더 중요한 건 친구들이 믿고 뽑아준 만큼 리더도 정말 친구들이 바라는 그런 리더가 되어야 한다.

나는 리더로 뽑혔을 때 사람들이 원하는 훌륭한 리더가 될 것이며 절대 꼬리 같은 무분별하고 어리석은 사람이 되지 않을 것이라고 다짐했다.

어떤 집단이든 지도자가 필요하고, 또 지도자를 뽑는 일이 얼마나 중요한가에 대해 아이와 충분히 이야기를 하는 것이 바람직하리라 생각한다. 아이가 지도자가 되기 위해서는 무엇을 갖추어야 하는지. 지도자는 어떻게 해야 하는지, 또 처지를 바꾸어 구성원들은 어떤 지도자를 뽑고, 자신들이 뽑은 지도자에 대해 어떤 태도를 가져야 하는지도 폭넓게 대화를 나누어 봄 직하다.

5

말과 당나귀

본문

어떤 사람이 말과 당나귀를 한 마리씩 길렀다. 주인은 몸집이 큰 말에게는 먹이를 많이 주고 몸집이 작은 당나귀에게는 적게 주었다.

어느 날 주인은 말과 당나귀에게 많은 짐을 싣고 먼 길을 떠났다. 그들은 온종일 걷다가 저녁에는 여관에서 쉬고 다음 날 아침에 다시 길을 떠났다. 이렇게 며칠이 계속되자 당나귀는 지치고 말았다.

"이봐, 말 친구, 내 짐 조금만 덜어 갈래? 짐이 너무 많아서 나 정말 힘들다."

당나귀가 말에게 애원했다. 말은 당나귀의 말을 단번에 거절했다.

"안 돼. 나도 너와 똑같이 짐을 지고 가잖아."

"그러지 말고 제발 조금만 덜어 가 줘."

"글쎄 안 된다니까."

말은 들은 척도 안했다.

얼마 뒤에, 너무나도 지친 당나귀는 땅바닥에 쓰러져 죽고 말았다.

"어허, 아직도 갈 길이 먼데 벌써 죽다니, 쯧쯧……."

주인은 혀를 치더니 당나귀 등에 실었던 짐을 모두 말 등에 옮겨 실었다. 그리고 죽은 당나귀의 가죽까지 벗겨서 말에 실었다.

말은 등뼈가 부러질 만큼 무거운 짐을 싣고 걸어가게 되었다. 말은 땀을 뻘뻘 흘리면서 울먹이며 중얼거렸다.

"모두가 내 잘못이야. 내가 당나귀의 짐을 조금만 덜어 주었더라면 이렇게 많은 짐을 혼자 짊어지지 않아도 되었을 텐데. 조금 더 편하려다가 몇 배나 더 큰 고생을 하게 되었구나……."

정 민 엄마, '말과 당나귀' 읽을게요.

어머니 그러렴.

(읽고 나서)

정 민 줄거리 말해 볼게요. (이어서 글로 쓴다.)

어떤 사람이 말과 당나귀를 길렀는데 말에게는 먹이를 많이 주고 당나귀한테는 먹이를 조금밖에 주지 않았다. 어느 날 주인이 말과 당나귀에게 많은 짐을 싣고 먼 길을 가고 있었다. 당나귀는 자신의 짐이 너무 무거워 힘들어하며 말에게 짐을 조금만 들어줄 수 있느냐고 했다. 말은 들은 체도 하지 않고 가다가 얼마 뒤 당나귀가 쓰러져 죽어 버려 당나귀의 짐까지 지게 되자 그때서야 후회했다.

(요약하여 말한 것과 글로 쓴 것이 거의 같으므로 글로 쓴 것만 옮겼다.)

어머니 내용 요약을 점점 더 잘하는구나.

누구에 대해서 이야기한 내용이지?

정 민 말이요. 말은 자기만 생각하고 남의 사정은 모른 체하는 사람이에요.

어머니 그래. 자기만 생각한다는 뜻을 가진 말이 있는데, 뭔지 아니?

정 민 글쎄요. 모르겠어요.

어머니 '이기적'이라는 말이 있어. 사전 찾아볼까?

정 민 네. 찾아볼게요. "자기 자신의 이익만 꾀하는. 또는 그런 것"이에요.

어머니 '이'는 '이롭다'는 뜻이고, '기'는 '자기 자신'을 뜻해. 그러니까 자기 자신만 이롭게 한다는 뜻이 되는 거지.

정 민 '이기적' 잘 알았어요. '말과 당나귀'는 이기적인 사람을 풍자한 이야기예요.

어머니 그렇구나. 말과 당나귀에겐 어떤 차이가 있었니?

정 민 말은 당나귀보다 몸집이 커요. 주인이 당나귀에게보다 말에게 먹이를 더 줘서 틀림없이 말이 힘도 더 셀 거예요.

어머니 그런데 말이 당나귀에게 어떻게 했지?

정 민 당나귀가 짐이 너무 많아서 힘들다고 도와달라고 했는데도 말이 도와주지 않았어요. 그러다가 당나귀가 죽자 당나귀가 졌던 짐을 모두 말이 지게 된 후에야 후회해요.

어머니 이 말과 같이 행동하는 사람을 예를 들어 보겠니?

정 민 한 아이가 그림 그리는 것이 힘들어서 짝꿍한테 도와달라고 했을 때 도와주지 않았는데, 그 아이가 그림 그리다가 머리가 아파 양호실에 가는 바람에 짝꿍이 그 아이가 쓰던 그림 도구 치우기와 청소를 혼자 다 해야 하는 경우요.

어머니 오, 내가 진작 도와줄 걸 하고 후회하겠구나.

정 민 또, 동생이 오빠한테 공부하는 걸 도와달라고 했는데 귀찮다고 도와주지 않았다가 동생이 학교 시험에서 다 틀려 오자 오빠가 엄마한테 혼나고 매일 동생을 가르쳐 주어야 하는 경우요.

어머니 하하, 그런 경우도 있겠네.

정 민 또 있어요. 엄마가 집안 일이 너무 많아 힘들어서 도와달라고 했는데 식구들이 아무도 도와주지 않아 엄마가 병으로 앓아눕자 식구들 모두 집안일을 하느라 힘들어하면서 후회하는 경우요.

어머니 그런 경우가 많구나. 더 말해 보렴.

정 민 회사원이 일이 너무 많아서 옆에 앉은 회사원에게 도움을 요청했는데 도와주지 않아서 과로로 쓰러지자 그 사람의 일까지 다른 회사원이 맡아 하게 된 경우요. 이런 경우도 있을 것 같아요.

어머니 그렇구나. 그러면 이야기에서 무얼 느꼈니?

정 민 서로 도우며 살아야 한다는 거요. 그리고 남을 돕지 않으면 자신에게도 피해가 올 수 있다는 거요.

어머니 좋아. 그것을 깨달은 말이 일기를 쓴다면 어떨까? 말의 처지가 되어서 일기를 써 볼래? 아니면 당나귀에게 편지를 써 보는 건 어떠니?

정 민 둘 다 해 보고 싶어요.

<일기로 쓰기> 4학년 강예지

(7월 25일 무척 더움)

난 오늘 무척 슬프고 마음이 아프다. 한 집에서 지금껏 같이 지낸 당나귀를 내가 죽게 만들었다. 친구라고는 그 애밖에 없었는데.

그 친구가 나에게 도와 달라고 했을 때 얼마나 힘든지 조금만 헤아려 주었더라면 그렇게 죽지는 않았을 텐데. 난 참 어리석고 이기적이었다. 주인이 나한테 밥을 더 많이 주고 나만 아껴주고 무거운 짐이 있을 때는 그 애가 도맡아서 지는 것을 당연하게 생각했었다. 그 애가 얼마나 속상할지 얼마나 힘들지는 생각해 본 적도 없었다.

내 이기적인 생각 때문에 친구를 죽게 하고, 그 벌로 나는 그 애가 할 일까지 하게 되었다. 오늘 그 애의 짐까지 무겁게 지고 오면서 당나귀의 짐을 덜어주지 않은 것을 후회하고 또 후회하며 반성했다. 아마 죽을 때까지 후회하며 그 친구를 그리워할 것이다.

<편지로 쓰기> 4학년 최 율

당나귀에게

당나귀야 너에게 꼭 하고 싶은 말이 있어서 편지를 쓴다.

미안해. 내가 너를 도와주었다면 네가 죽지 않았을 거야. 정말 미안해. 네가 살아 있을 때 잘해 주지 못한 것을 후회해. 내가 먹이도 더 많이 먹고 몸집도 큰데 너의 짐을 덜어주지 못하고 나만 생각한 것이 미안해. 네 생각 날 때마다 내 이기적인 행동을 두고두고 후회할 거야. 당나귀야, 정말 미안하다.

-말이.

글을 읽고 감상문을 쓸 때 때로는 일기나 편지 형식으로 써 보게 하는 것도 좋은 방법이다. 일기나 편지는 등장인물의 처지가 되어 글을 쓰는 것이므로 글을 깊이 이해하고 감상하는 데 효과적일 때가 많다.

코끼리 아줌마의 햇살 도서관

코끼리 아줌마의 햇살 도서관

김혜연

'코끼리 아줌마의 햇살도서관'은 동네에 새로 생긴 도서관을 중심으로 벌어지는 이야기들을 옴니버스식으로 엮은 동화이다. 옴니버스란 하나의 주제를 가지고 독립된 여러 개의 이야기를 묶어 놓은 방식을 말한다. 이 책은 각각 주인공이 다른 다섯 개의 이야기로 구성되어 있다.

다섯 이야기에 등장하는 인물들은 모두 동네에 사는 사람들로 이금례 도서관을 중심으로 서로 연결되어 있다. 아이든 어른이든 저마다의 고민이 있고 위로가 필요한 사람들이 도서관을 매개로 하여 서로 도와주고 위로하며 따뜻한 마음을 나눔으로써 책을 읽는 사람들의 마음까지도 훈훈하게 해 준다.

도서관이 어떤 역할을 하는지, 책이 얼마나 재미있고 유익한 것인지, 책을 왜 읽어야 하는지 알 수 있게 해 주는 책이다. 쉽고 재미있게 읽으면서 다른 사람들과 더불어 사는 방법도 배울 수 있다.

책 속의 보물

1. 누구나 고민이 있다 - 인물들의 특징
2. 인물들은 어떻게 고민을 해결했나 - 도서관과 책
3. 도서관에서 찾아보자
4. 내 고민과 책 이야기
5. 도서관의 역할

책의 내용이 길 때는 소리 내어 읽지 않고 독서 멘토와 아이가 각각 따로 읽어도 좋다. 대체로 멘토가 먼저 읽고 아이에게 책을 권하게 되는데, 이 때 책 속의 보물이 어떤 것이고 그것을 아이가 어떻게 찾아내게 해야 할지, 즉 글의 요소가 무엇이고 아이와 어떻게 대화를 나누어야 할지 생각하며 꼼꼼하게 읽어야 한다. 그리고 아이가 맘껏 상상하며 읽을 시간을 충분히 준 다음 독서대화를 나눈다.

'코끼리 아줌마의 햇살도서관'은 다섯 개의 이야기로 구성되어 있으므로 이야기 하나마다 독서대화한 후 줄거리 쓰기를 하였다.

감상문은 이야기들에 대한 독서대화를 다 마친 후에 종합해서 쓰게 하였다.

독서대화

어머니 정민아, 엄마가 도서관에서 이 책을 골라 왔단다. 제목이 '코끼리 아줌마의 햇살도서관'이야.

정 민 와, 책 제목이 재미있어요. 코끼리 아줌마? 하하… 햇살도서관? 햇살도서관이라는 이름이 참 좋네요. 이것도 우화인가요?

어머니 이건 이솝 이야기처럼 동물이 등장하는 우화가 아니고 사람들이 등장하는 소설이야. 소설은 작가가 꾸며낸 이야기인데, 그 중에서 아이들이 읽을 수 있게 쓴 것을 동화라고 해.

정 민 네. 동화, 알겠어요.

어머니 차례를 먼저 볼까? 작은 제목이 다섯 개가 있네.

"햇살을 모아 놓으면 친구가 생길 거야 – 펄 헤어숍 진주 이야기
내가 이 경기장에서 최고다 – '십오 점'짜리 정호 이야기
책으로 치료해 드려요 – 코끼리 아줌마 진숙 씨 이야기
새벽 두 시, 혼자만의 방에서 – 고독 소녀 수정이 이야기
엄마의 꿈은 수다쟁이 – 말더듬이 명혜 씨 이야기"

이야기가 따로따로인 것 같으니 하나씩 읽고 이야기를 나누는 게 어떠니?

정 민 그게 좋겠어요.

1

햇살을 모아 놓으면 친구가 생길 거야

- 펄 헤어숍 진주 이야기

줄거리

여섯 살 진주는 친구가 없다. 어머니가 말을 조금 더듬거리는데, 아이들이 진주의 어머니가 벙어리라고 놀리면서 놀이에 끼워주지 않기 때문이다. 어느 날 진주 어머니가 일하는 미용실 앞에 도서관이 생긴다. 진주는 도서관 책에 푹 빠진다. 진주는 도서 대출증을 만들어 책을 빌려갈 수 있게 되자 도서관 여기저기를 기웃거린다. 한참 둘러보던 진주는 도서관에서 일하는, 코끼리처럼 덩치가 큰 아줌마가 읽어 주는 '프레드릭'이라는 책 이야기를 듣고 프레드릭처럼 햇살과 색깔과 이야기를 모아 놓으면 친구들이 날 찾아올까 하는 생각을 한다. 얼마 뒤 한 남자 아이와 친해져 재미있게 논다. 진주는 도서관이 천국 같다고 느낀다.

독서대화

어머니 이야기가 길어서 읽기에 어렵지 않았니?

정 민 아니요, 내용이 쉽고 재미있어요.

어머니 진주는 어떤 아이니?

정 민 여섯 살인데 친구가 없어 외로운 아이에요

어머니 왜 친구가 없지?

정 민 아이들이 진주 엄마가 벙어리라고 놀리면서 같이 놀아주지 않아요.

어머니 진주 엄마가 말을 못하시니?

정 민 아니요. 진주랑 말을 할 때 빼고는 말을 조금 더듬어요. 벙어리는 아니에요.

어머니 네가 만약 진주와 같은 처지라면 어떨까?

정 민 정말 슬플 것 같아요. 다른 아이들은 다 같이 노는데 혼자 왕따잖아요. 동네 아이들이 놀리면서 같이 놀아주지 않으면 얼마나 외롭고 슬프겠어요.

어머니 엄마도 슬플 것 같다. 혹시 너희 반에도 이런 아이가 있니?

정 민 왕따요? 없어요. 친구를 그렇게 하는 건 나쁜 일이잖아요. 우리 반 아이들은 모두 같이 잘 놀고 친하게 지내요. 누구를 차별하는 건 나쁜 일이라고 배웠고요, 내가 차별 당하기 싫은 것처럼 다른 사람을 차별해서는 안 돼요.

어머니 그래, 네 말이 맞다. 내가 싫은 건 남에게도 해서는 안 되는 거야.

그런데 진주한테 변화가 생기지?

정　민 네. 동네에 새로 생긴 이금례 도서관에 가서 책을 읽으니까 더 이상 심심하지도 않고 재미있게 지낼 수 있게 되었어요.

어머니 그게 다니?

정　민 그리고 희망도 갖게 돼요. 친구도 생기고요.

어머니 진주가 책을 읽을 수 있도록 빌려주기도 하면서 도와준 사람이 있지?

정　민 코끼리 아줌마요.

어머니 코끼리 아줌마가 뭐하는 사람이지?

정　민 도서관 사서예요.

어머니 도서관 사서가 뭘까?

정　민 도서관에서 책 빌려주는 일을 하는 사람이죠.

어머니 그래. 책을 사람들에게 빌려주기도 하고, 정리도 하고 관리도 하는 사람을 말한다. 그런데 왜 코끼리 아줌마일까?

정　민 사서 아줌마의 덩치가 코끼리처럼 큰가 봐요. 아이들이 무서워할 만큼요.

어머니 하하, 그래. 그 아줌마의 성격은 어떠니?

정　민 생긴 모습과는 다르게 친절하고 상냥한 사람이에요. 진주가 책을 계속 읽을 수 있도록 도와주고 아이들에게 책도 읽어 주고요.

어머니 그래. 겉모습만 보고 사람을 판단하면 안 되겠지?

정　민 네. 저도 작년 담임선생님이 무섭게 생기셔서 괜히 무서워했는데 알고 보니 부드럽고 다정한 분이셨어요. 1년 동안 화를 한 번도 내지 않으셨다니까요. 그래서 얼굴만 보고 '어떤 사람이겠다.' 하고 판단해 버리면 안 된다고 생각했어요.

어머니 음, 그랬구나.

도서관은 진주에게 어떤 역할을 했을까?

정　민 도서관은 진주에게 책을 읽는 즐거움을 주고 희망을 갖게 해 주었어요. 진주가 행복해져서 기뻐요.

어머니 그렇지? 너도 책을 읽으면 즐거움을 느끼니?

정　민 네. 엄마랑 같이 읽으니까 더 즐거워요. 헤헤

어머니 엄마도 그렇단다.

이야기의 주제를 말해 볼 수 있겠니?

정　민 "도서관이 진주에게 친구가 되어 주었다." 어때요?

어머니 아, 좋구나. 그럼 진주 이야기 내용을 정리해 볼까?

정　민 네.

진주 이야기

친구가 없는 진주는 놀이터에서 혼자 놀았다. 심심한 진주는 엄마의 미용실에 가서 잠이 들기 일쑤이다. 어느 날 미용실 건너편에 건물이 생겨 궁금해서 가보니 이금례 도서관이라고 쓰여 있었다. 진주는 용기를 내어 그곳에 가서 책을 읽었다. 진주는 책이 좋아졌고 책을 빌려와서 읽었다. 다음날에는 도서관에 가서 남자 아이와 미끄럼을 탔다. 진주는 책이 많고 자신을 놀리는 아이들도 없는 이 도서관이 마음에 들었다.

2

내가 이 경기장에서 최고다

- '십오 점'짜리 정호 이야기

줄거리

정호가 축구부에 들어가게 된 것은 여섯 달쯤 전이다. 자기 발이 운동화나 양말을 위해서만 존재하는 게 아니라는 걸 안 그 날 그 일 때문이었다. 그날 정호는 수학시험을 15점 받는다. 그래서 어깨가 축 처진 정호가 굴러온 공을 뻥 찼는데 그 공이 6학년 교실 창문을 깬다. 놀란 정호가 도망치는데 정호의 공차는 힘과 스피드를 알아본 축구 코치가 축구부에 들어와 보라는 말을 한다. 정호는 처음에는 싫다고 하였지만 자신도 축구에 소질이 있다는 것을 느끼자 부모님을 설득해 축구부에 들어간다. 처음엔 축구가 재미있었지만 어느 날 자신이 키도 몸집도 너무 작다는 느낌이 드니 축구가 잘 되지 않고 연거푸 실수만 한다. 그러다 우연히 들어간 도서관에서 여러 축구 선수들의 책을 읽고서 자신의 약점은 키나 몸집이 아니라는 것을 깨달았다. 그 뒤로 정호는 자부심을 갖고 축구를 한다.

정 민 다음 이야기가 '내가 이 경기장에서 최고다'예요. 운동선수 이야긴가 봐요. 그런데 십오 점짜리 정호 이야기? 뭐가 십오 점이지? 빨리 읽고 싶어요.

(읽는다.)

정 민 수학 점수가 십오 점이었어요. 하하…

어머니 십오 점은 너무 심했지?

정 민 네. 전 이 정도는 아닌데… 이 애는 정말 심하게 못하네요. 고민이 크겠어요.

어머니 수학 점수보다 정호가 진짜 고민한 건 뭐였니?

정 민 키가 작은 거요.

어머니 처음부터 키 작은 걸 고민했었니?

정 민 아니요. 축구부에 들어가서 자기가 축구부에서 제일 작다는 걸 알게 된 다음부터요. 축구를 잘하고 싶은데 키와 몸집이 작아서 잘 못한다고 생각했어요.

어머니 정호처럼 자기가 남들보다 못하다고 고민하는 마음을 뭐라고 부르는지 아니?

정 민 열등감 아닌가요?

어머니 그래. 열등감이라고 하지. 우리 정민이도 혹시 열등감 있니?

정 민 전 뭐… 없는 거 같아요. 키도 작은 편이고 노래도 잘 못 부르지만 기죽거나 고민할 정도는 아니에요. 그럼 열등감 있는 게 아니죠?

어머니 응, 그렇구나. 다행이네.

정호가 축구부엔 어떻게 해서 들어가게 됐지?

정 민 정호가 수학 십오 점 받은 날 화가 나서 굴러오는 공을 찬 게 높이 날아 4층 교실 유리창을 깼는데, 그걸 본 축구부 코치가 축구부에 들어오라고 했어요. 정호도 공 차는 걸 좋아했고요.

어머니 정호가 키 작은 것에 대한 고민을 어떻게 해결했니?

정 민 도서관에서 박지성 선수가 쓴 책을 빌려 읽고 나서요. 박지성 선수도 작은 키 때문에 고민을 했었다는 것과, 축구 선수는 꼭 키가 클 필요가 없다는 글을 읽고서 용기를 얻어서요.

어머니 그래. 책을 잘 읽지 않던 정호가 달라졌지?

정 민 네. 축구와 축구 선수들에 관한 책을 열심히 읽는 아이가 되었어요.

어머니 그래서?

정 민 아, 그래서 축구 잘하는 비결은 연습이라는 것을 알고 열심히 연습하기 시작했어요. "내가 이 경기장에서 최고다." 하는 자신감을 갖고요.

어머니 그래서 정호가 축구를 잘하는 훌륭한 선수가 될까?

정 민 네. 틀림없이 그럴 거예요. 원래 소질을 타고 난 데다가 자신감을 갖고 열심히 축구 연습을 하기 시작했으니까요.

어머니 정호를 그렇게 만든 것이 뭐지?

정 민 책이요.

어머니 그럼 이야기의 주제를 쉽게 말할 수 있겠네.

정 민 "책은 많은 것을 알려주고 고민을 풀어 준다."

어머니 좋아. 내용을 간단히 정리해 볼까?

정 민 네.

정호는 수학 공부를 잘 못해 우울하다. 축구부 코치가 정호의 공 차는 힘을 알아보고 축구부에 들어오라고 하여 들어갔으나 키가 작아 열등감을 느낀다. 그러다 도서관에서 축구 선수들에 관한 책을 읽고 박지성 선수도 키가 작았었다는 것을 알고는 자부심을 갖고 축구를 한다.

어머니 잘했어. 다음 이야기는 "책으로 치료해 드려요."구나. 이것도 재미있을 것 같다, 그렇지?

정 민 네. '코끼리 아줌마 진숙 씨 이야기'예요. 궁금해요. 빨리 읽을게요.

3

책으로 치료해 드려요

- 코끼리 아줌마 진숙 씨 이야기

줄거리

이금례 할머니의 장학금으로 대학을 다닌 진숙 씨는 10년이 지난 지금 도서관을 남기고 떠나신 할머니께 보답하기 위해 그 도서관에서 사서 일을 한다. 덩치가 무척 커서 사람들을 놀라게 하는 코끼리 아줌마 진숙 씨는 이금례 할머니처럼 남을 돕는 사람이 되고 싶어 한다. 도서관을 찾는 사람들에게 필요해 보이는 책을 넌지시 권하기도 하고, 그들이 책에서 고민을 해결할 방법을 찾을 수 있도록 돕는다.

언제부턴가 진숙 씨는 한 남자에게 자꾸 눈길이 간다. 그 남자는 노트북을 앞에 놓고 한 줄도 쓰지 못하고 있는 작가이다. 어느 날 그 남자 주변에서 책을 정리하던 진숙 씨는 갑자기 정전이 되자 손을 잘못 짚어 그 남자의 노트북을 망가뜨렸고 남자는 한동안 도서관에 오지 않았다. 진숙 씨가 절망에 빠진 사이에 진주의 엄마인 명혜 씨가 진숙 씨의 친구가 돼 주었다. 한 달 뒤 진숙 씨 앞에 그 남자가 나타났다. 남자는 진숙 씨 덕분에 쓰던 소설을 버리니 새로운 생각이 떠오르게 되어 고맙다고 했고 둘은 마주보며 웃는다.

어머니 이야기에 존경할 만한 사람이 나오네. 그렇지?

정 민 네. 이금례 할머니요.

어머니 이금례 할머니에 대해 말해 보겠니?

정 민 이금례 할머니는 김밥을 팔아서 번 돈으로 가난한 학생들에게 장학금을 주어 대학을 다니게 해 주셨어요.

어머니 김밥 만들어 파는 일이 돈을 많이 버는 일일까?

정 민 그렇지 않을 것 같아요. 김밥이 비싼 게 아니잖아요. 손이 많이 가는데 비해서 값이 싸서 아주 많이 팔아야 돈을 벌 수 있을 거예요.

어머니 그렇단다. 그런데도 할머니가 어떻게 다섯 명이나 되는 학생들의 대학 학비를 대 주실 수 있었을까?

정 민 아마 돈을 무척 아껴 쓰고 절약하셔서 계속 모으셨을 거예요. 다른 사람들을 위해 쓰시려고요. 참 대단하신 분이에요.

어머니 진숙 씨는 그 할머니와 어떤 관계니?

정 민 진숙 씨도 할머니에게 장학금을 받아 대학을 다닐 수 있었던 사람이에요. 아주 가난하고 엄마마저 돌아가셔서 대학을 갈 수 없는 처지였는데 할머니가 학비를 대 주셔서 원하는 대학 공부를 하여 사서가 될 수 있었어요.

어머니 진숙 씨가 지금 근무하는 도서관이 이금례 도서관이지?

정 민 네. 할머니가 사십 년이 넘게 김밥 팔아 번 돈을 모두 이

도서관에 내놓고 돌아가셨어요. 그래서 진숙 씨가 할머니의 뜻을 이루기 위해 이 도서관 사서로 왔어요.

어머니 할머니의 뜻이 뭘까?

정 민 다른 사람들을 돕는 거요.

어머니 그렇지. 진숙 씨가 사람들을 어떻게 도와주니?

정 민 도서관에 익숙하지 못한 아이들에게 필요해 보이는 책을 읽을 수 있게 몰래 도와줘요. 말을 더듬는 진주 엄마의 친구가 되어 주고 더듬지 않고 말을 잘할 수 있도록 도와주기도 해요.

어머니 진숙 씨도 좋은 사람인 것 같다. 그렇지?

정 민 네. 마음이 무척 따뜻한 사람이에요.

어머니 그런데 진숙 씨도 고민이 있지?

정 민 네. 그렇게 마음씨가 따뜻한 사람인데, 코끼리처럼 덩치가 크고 목소리가 커서 사람들이 다 진숙 씨를 무서워해서 사람들을 도와주는 일이 쉽지가 않아요. 그래서 몰래 도와줘요.

어머니 그런 진숙 씨가 누구를 좋아하는 것 같던데?

정 민 작가 아저씨요. 이 아저씨는 도서관에 와서 글을 쓰는데 잘 안 돼서 괴로워하는 사람이에요.

어머니 그 아저씨는 진숙 씨가 자기를 좋아하는 걸 알았을까?

정 민 전혀 몰랐을 거예요. 진숙 씨가 혼자 몰래 좋아하고 있었으니까요.

어머니 그렇게 혼자 좋아하는 걸 뭐하고 하는지 아니?

정 민 짝사랑이요.

어머니 오, 아는구나. 우리 정민이 누구 짝사랑해 본 적 있니?

정 민 음… 3학년 때 옆 반 혜정이 좀 좋아했어요. 헤헤…

어머니 지금은?

정 민 4학년 때부터 같은 반이 돼서 친해지고 나니까 뭐, 다른 애들과 같아졌어요. 지금도 친하게 지내요.

어머니 그랬구나. 그렇데 진숙 씨와 그 아저씨에게 무슨 일이 일어났지?

정 민 정전되던 날 진숙 씨가 그 아저씨 노트북을 떨어뜨려 망가지게 했어요. 그 바람에 쓰고 있던 글이 다 날아간 거죠.

어머니 그래서?

정 민 작가 아저씨는 소리 지르고 난리를 치고, 진숙 씨는 미안해서 어쩔 줄 몰라 했고, 작가 아저씨가 도서관에 오지 않으니까 죽었을까봐 걱정하고 무척 슬퍼했어요.

어머니 그런데 어떻게 됐지?

정 민 반전이 일어났어요. 작가 아저씨가 진숙 씨에게 고맙다며 웃어 주었어요. 쓰던 글을 포기하니까 새로운 글을 쓸 수 있게 되었다고. 둘 사이가 좋아질 것 같아요. 두 사람이 어떻게 될까 긴장하며 읽었는데 잘 해결이 되어서 다행이에요.

어머니 그래. 다행이야.
이 이야기로 작가가 독자들에게 말하려고 한 것이 뭘까?

정 민 다른 사람들을 돕는 아름다운 마음이요.

어머니 좋아.

정 민 줄거리 써 볼게요.

이금례 도서관의 어린이 열람실 사서인 진숙 씨는 형편이 어려웠던 지난 날 김밥 할머니인 이금례 할머니가 주신 장학금으로 공부하고 사서가 되었다. 김밥 할머니처럼 남을 도와주고 싶은 진숙 씨는 진주가 '마틸다'를 집에서도 읽을 수 있게, 정호가 운동선수에 관한 책을 읽을 수 있게 해 주었다. 진주 엄마와 친구가 된 진숙 씨는 도서관에서 항상 어두운 얼굴을 하고 있는 소설가를 도와주고 싶었다. 정전이 된 어느 날 진숙 씨는 실수로 소설가의 노트북을 떨어트려 망가뜨렸고, 소설가는 쓰던 소설을 포기하자 새로운 소설을 쓸 수 있게 되었다.

어머니 이야기를 잘 이해했구나. 줄거리를 잘 정리했네.

정 민 제가 좀 늘었죠? 헤헤…

4

새벽 2시, 혼자만의 방에서

-'고독 소녀' 수정이 이야기

줄거리

혼자서만 책상을 차지하는 언니가 부러웠던 수정이는 집을 나와 도서관으로 갔다. 늦게까지 들어가지 않으면 가족이 애태우며 기다릴 것이라고 믿고, 책상을 쓰지 못하게 한 가족들에게 복수하려고 책을 읽으며 시간을 때우다가 잠이 든다. 도서관 문이 닫힌 뒤 깨어난 수정이는 아무도 없는 도서관에서 무서움을 느꼈고, 몇 시간이 지난 후 경비 아저씨의 도움으로 도서관을 나오며 가족의 소중함을 깨닫는다.

정　민　다음은 '새벽 2시, 혼자만의 방에서'이에요. 수정이 이야기네요. 수정이를 고독 소녀라고 했어요.

어머니　고독이 뭐지?

정　민　혼자 있는 거, 외로운 거요.

어머니　그래. 수정이가 왜 고독한 지 궁금하지?

정　민　네. 수정이도 뭔가 사정이 있나 봐요.

어머니　수정이가 앞에도 나왔었는데… 수정이가 어떤 아이였더라?

정　민　정호가 좋아하는 여자 애예요. 정호가 수정이 뒤를 따라가다가 도서관에 들어가게 됐었어요. 정호를 무시하기도 하고 성격이 좋은 아이가 아니었던 것 같아요. 어떤 사정이 있는지 읽어 볼게요.

(읽는다.)

정　민　전 수정이의 처지를 이해하겠어요. 집에서 늘 불만이 크니까 남들한테도 친절하지 못한 것 같아요.

어머니　수정이의 불만이 뭐니?

정　민　집안 형편이 넉넉지 않아서 좁은 방을 언니와 함께 쓰는데, 하나 있는 책상을 공부 열심히 하는 자기는 못 쓰게 하고 공부도 안 하는 언니 혼자 쓰게 하는 거요. 그리고 식구들 모두 자기에게 관심이 없다고 생각해요.

어머니 수정이와 같은 처지에 놓이면 누구라도 불만을 가지겠지? 그런데 정말로 식구들이 모두 수정이에게 관심이 없을까? 그래서 수정이를 차별하는 걸까?

정 민 음… 그건 아닐 것 같아요. 수정이가 좁은 방에서 언니랑 둘이 쓰면서 책상도 없어 불편해한다는 걸 식구들이 다 알고 있어요. 부모님이 형편이 좋지 않기 때문에 수정이가 원하는 대로 해 줄 수 없어서 수정이에게 미안한 마음을 가지고 계실 거라 생각해요. 언니나 동생도 마찬가지겠고요.

어머니 나도 그렇게 생각한다. 부모는 자식을 똑같이 사랑하거든. 수정이가 속이 상할 때마다 어떻게 하니?

정 민 이금례 도서관에 가요. 여러 식구들이 바글거리는 비좁은 집에서 벗어나 넓고 깨끗한 도서관에 가서 혼자 책 읽는 것을 좋아해요.

어머니 그러다가 어떤 일이 생겼지?

정 민 식구들을 일부러 걱정시키려고 도서관에 늦게까지 있으려 했다가 잠이 들어서 도서관에 갇히게 됐어요.

어머니 깜깜한 밤중에 혼자 도서관에 갇혀서 어땠을까?

정 민 밤중에 혼자 깨어났을 때 무척 놀랐죠. 어쩔 줄 몰라 하면서도 식구들이 자기한테 한 짓을 후회하고 반성할 것이고, 자기가 복수에 성공했다고 생각하기도 했어요. 그러다가 점점 무서워져서 식구들을 그리워하게 됐어요.

어머니 그 일로 수정이가 달라졌을까?

정 민 네. 달라졌어요. 그 날 이후부터는 불평을 하지 않고 공부할 것을 가지고 도서관으로 가요. 더 이상 언니를 미워하지도 않고요.

어머니 수정이가 힘든 일을 겪고 나서 얻은 게 있구나. 혹시 너도 우리 식구들에 대해서 불만 가진 거 있니?

정 민 음… 수민(동생)이가 자꾸 귀찮게 하는 거요. 헤헤… 농담이에요. 수민이가 얼마나 귀여운데요. 그리고 엄마 아빠가 항상 우리들 이야기에 귀 기울여 주시잖아요. 불만이 있을 수 없죠.

어머니 그렇다니 고맙구나.

다시 수정이 이야기로 돌아갈까? 이 이야기의 주제는 뭘까?

정 민 "도서관은 사람들을 위로해 준다."

"도서관은 가족의 소중함을 깨닫게 해 준다."

어머니 둘 다 좋구나.

내용을 정리해 볼까?

정 민 네.

수정이는 식구들에게 불만이 많다. 언니랑 방을 같이 쓰는데, 공부도 안 하고 매일 딴짓을 하는 언니는 책상을 혼자 쓰게 하고 공부 잘하는 자기한테는 책상을 사 주지 않기 때문이다. 그래서 수정이는 도서관에 자주 가서 책을 읽는다. 어느 날 수정이는 식구들을 걱정하게 만들려고 도서관에 늦게까지 있다가 그만 잠이 들어버려 도서관 문이 닫히는 것도 몰랐다. 무서워 엉엉 울며 떨다가 식구들이 찾아오자 식구들이 있어서 다행이라고 생각한다.

5

엄마의 꿈은 수다쟁이

- 말더듬이 명혜 씨 이야기

줄거리

딸 진주의 이름을 딴 펄 헤어숍을 운영하는 명혜 씨는 딸 이외의 사람과 말할 때 말을 더듬어 친구가 없다. 자신 때문에 진주도 따돌림을 당하는 것이 고민이며 친구들과 막 떠드는 수다쟁이가 되는 게 꿈이다.

소설가에 대한 미안함과 걱정으로 풀이 죽어 미용실을 찾아온 진숙 씨의 머리를 정성스럽게 다듬으며 그녀의 고민을 들어주던 명혜 씨는 오히려 말더듬는 것을 고치게 도와 달라고 진숙 씨에게 부탁하며 둘은 친구가 된다. 진숙 씨가 빌려 준 '빨간 머리 앤'이라는 책을 읽는 동안, 깊숙이 묻어 놓았던 과거를 떠올리고 자신을 아프게 했던 아버지의 이야기도 진숙 씨에게 수다스럽게 늘어놓으며 가슴 속의 돌덩이가 빠져나가는 느낌을 받는다.

정　민　맨 끝 이야기는 '엄마의 꿈은 수다쟁이'예요.

어머니　누구 이야기인지 알겠니?

정　민　진주 어머니 이야기이죠? 부제목이 '말더듬이 명혜 씨 이야기'예요. 다른 사람들과 말할 때 말을 더듬어서 참 불편할 거예요. 진주 엄마도 어떤 사정이 있는 지 빨리 알고 싶어요.

(읽는다.)

정　민　아, 재미있어요. 명혜 씨는 착한 사람인 것 같은데 참 슬픈 어린 시절이 있었네요. 마음이 아파요.

어머니　그래. 엄마도 마음이 아프구나.

정　민　명혜 씨가 말을 더듬게 된 건 가정환경 때문이었어요. 불쌍해요. 명혜 씨도 엄마가 일찍 죽지 않았으면 말더듬이가 되지 않았을 거라고 생각해요.

어머니　아마 그럴 거야. 세상에는 자기 잘못 때문이 아닌데 불행하게 사는 사람들도 있단다.

정　민　명혜 씨 아버지는 왜 딸을 그렇게 때렸을까요?

어머니　너는 그 이유가 뭐라고 생각하니?

정　민　원래 폭력적인 사람이었을 수도 있고요.

어머니　그리고?

정 민 자기가 속상한 걸 딸한테 화풀이한 건 아닐까요? 하여튼 나쁜 사람이에요. 엄마가 없어서 명혜 씨도 슬프고 불행한데…

어머니 그래. 명혜 씨 아버지는 인격이 낮은 사람이구나. 자신도 슬프겠지만 엄마 잃은 딸을 더 보듬고 사랑해주었으면 둘 다 덜 불행했을 텐데. 명혜 씨는 말더듬이가 되지 않았을 거고.

정 민 엄마가 말더듬이어서 진주도 따돌림을 당하고 친구가 없는 게 명혜 씨는 더 마음 아팠을 거예요.

어머니 딸 생각하면 얼마나 마음이 아플지 엄마는 잘 안단다. 엄마들은 자식들이 아픈 게 자신이 아픈 것보다 더 힘든 거거든.

정 민 네. 저도 엄마 마음 알 것 같아요. 그래도 진주가 똑똑해서 엄마 대신 말을 할 때 다행이란 생각이 들었어요.

어머니 그래. 진주 엄마가 말더듬는 걸 고쳐야겠다는 생각을 갖게 된 계기가 뭐니?

정 민 진주와 함께 '프레드릭'이라는 책을 읽다가, 진주가 엄마 꿈이 뭐냐고 물었을 때, 친구들과 막 떠드는 수다쟁이가 되고 싶다는 생각을 하게 되면서부터예요. 그리고 수다쟁이가 되려면 말을 더듬지 않아야 한다는 걸 깨닫고부터요.

어머니 너 '프레드릭' 그림책 읽었었지?

정 민 네. 얼마 전에 재미있게 읽었었는데 이 책을 읽다 보니까 다시 읽고 싶어졌어요. 다시 읽으면 느낌이 그때하고는 다를 거 같아요.

어머니 아마 그럴 거야.

정 민 엄마하고 '프레드릭' 같이 읽고 대화 나누면 좋겠어요.

어머니 그래, 좋아.

진주 엄마가 진숙 씨한테 말 더듬는 걸 고쳐달라고 부탁한 이유가 뭘까?

정 민 진숙 씨와 말할 때는 조금밖에 더듬지 않은 것을 느껴서요. 그리고 진숙 씨가 친구가 되어줄 거라 생각해서요.

어머니 그렇지. 진주 엄마가 진숙 씨와 말할 때는 왜 더듬지 않을까?

정 민 음… 진숙 씨는 다른 사람들처럼 답답해하거나 빨리 말하라고 다그치지 않고 잘 들어주기 때문 아닐까요?

어머니 진숙 씨가 어떤 사람인지 다시 정리해 볼 필요가 있겠는데?

정 민 진숙 씨는 코끼리만큼 덩치가 크고 뚱뚱해서 외모에 자신이 없고 외로운 사람이에요. 그렇지만 다른 사람들의 처지를 잘 이해하고 또 이야기도 잘 들어주고 진심으로 도와주는 따뜻한 사람이에요.

어머니 진주 엄마는?

정 민 불행한 가정환경에서 자라 말더듬이가 되었지만 딸을 사랑하고 다른 사람들을 위해 최선을 다하는 착한 사람이에요. 진숙 씨와 진주 엄마가 서로의 고민을 털어놓고 위로하는 좋은 친구가 되어서 좋아요.

어머니 그래, 나도.

그럼 이 이야기의 주제를 말해 보겠니?

정 민 "책은 말더듬을 고치는 약이다."

어머니 오, 더 말해 보렴.

정 민 "책은 사람들을 치료해 준다."

"책은 사람들의 부족함을 해결해 준다."

어머니 좋아.

정 민 "사람에게는 좋은 친구가 필요하다."

어머니 그것도 좋다. 줄거리를 써 보렴.

정 민 네.

손님들의 머리를 만지는 일을 하는 명혜 씨는 딸이 아닌 다른 사람과 말할 때 말을 더듬어 이야기를 나눌 친구가 없다. 자신 때문에 진주도 따돌림을 당하는 것 같아 걱정이다. 수다쟁이가 되어 친구들과 막 떠들며 이야기하는 것을 꿈꾼다.

어느 날 진숙 씨가 미용실을 찾아온다.

명혜 씨는 진숙 씨가 소설가의 컴퓨터를 망가뜨렸고 그 후 소설가가 도서관에 오지 않아서 걱정이라는 말을 들어준다. 명혜 씨도 자신의 고민을 이야기하고 말더듬는 것을 고치게 도와 달라고 말하며 둘이 서로 친구가 된다. 명혜 씨는 진숙 씨가 빌려준 '빨간 머리 앤'을 읽으면서 아버지에 대한 기억을 떠올리고 자신에게 폭력을 썼던 아버지에 대한 이야기를 진숙 씨에게 털어 놓으며 마음이 편안해짐을 느낀다.

어머니 이 책의 다섯 개 이야기를 다 읽었네. 그럼 정리해 볼까? 제목이 '코끼리 아줌마의 햇살도서관'이지? 책의 제목을 이렇게 붙인 이유가 뭘까? 여러 사람이 등장하는데 코끼리 아줌마가 제목에 있는 이유가 뭘까?

정　민 전체 이야기에서 코끼리 아줌마가 중심이에요. 도서관에 온 모든 사람들을 도와주고 책을 읽게 하고… 지금 막 든 생각인데, 도서관이 하는 일이 곧 이 아줌마가 하는 일과 같다는 생각이 들어요. 코끼리 아줌마가 곧 도서관? 좀 억지인가? 헤헤…

어머니 멋지다, 우리 정민이.
햇살도서관의 의미는?

정　민 프레드릭이 겨울날들을 위해 햇살을 모으는 것처럼 도서관이, 힘들어하는 사람들에게 햇살과 같은 따뜻함과 희망을 준다는 의미 아닐까요?

어머니 와! 우리 정민이 대단하다!

이 책을 읽으면서 어떻게 될까 궁금하고 긴장되는 부분이 있지 않았니?

정 민 도서관에 갇힌 수정이가 어떻게 될까 궁금하고 막 긴장되고 그랬어요.

어머니 또?

정 민 소설가는 어떻게 되었을까? 진숙 씨와 소설가는 어떻게 될까? 이게 제일 궁금했어요. 그런데 모두가 다 잘 돼서 다행이에요. 다 행복해졌어요.

어머니 그래.

이렇게 모두가 다 행복해진 이유가 뭘까?

정 민 음… 도서관이 있고 책을 읽을 수 있고 사람들을 도와주는 코끼리 아줌마가 있어서요.

어머니 그래. 도서관이 참 중요한 일을 하지? 그리고 진숙 씨처럼 좋은 사람이 많으면 더 많은 사람이 행복해지겠지?

정 민 네. 저도 진숙 씨처럼 다른 사람을 배려하고 도와주는 사람이 되고 싶어요.

어머니 그래. 훌륭한 생각이다. 엄마도 그렇게 살려고 더 노력할게.

정 민 우리 엄마 최고! 헤헤…

어머니 하하… 고마워.

작가가 이 이야기들로 독자에게 말하고 싶은 것이 뭘까?

정　민 아, 많은데요.

어머니 다 말해 보렴.

정　민 "책은 우리의 마음을 치료해 준다."

어머니 좋아. 또?

정　민 "고민이 있는 사람들에게 책과 도서관이 희망이 되고 친구가 되어 준다."

어머니 오, 좋은데. 더 있니?

정　민 "책을 읽자." "도서관에 자주 가자."

어머니 그렇지!

정　민 "사람을 외모로 판단해서는 안 된다."

어머니 그래, 그런 뜻도 들어 있지.

정　민 하나 더 있어요.

어머니 뭔데?

정　민 "책은 만병통치약이다."

어머니 하하… 좋아. 다 맞는 말이야.

그럼 소설 전체에 대한 감상문을 써 볼까?

정　민 넵!

〈감상문1〉 4학년 최 율

코끼리 아줌마의 햇살 도서관

나는 책을 좋아했고 책의 중요성을 알고 있었는데 이 책을 읽고 나서는 책이 더 친근하게 느껴지고 책의 중요함도 더 잘 알 수 있게 되었다.

책은 만병통치약인 것 같다. 코끼리 아줌마의 햇살도서관 이야기는 다섯 개가 있는데 등장인물 모두 책으로 인해 성격도 마음가짐도 생활도 변했다.

생각해 보면 나도 책을 읽으면서 성격이 조금씩 변화하고 있었다. 그래서 지금의 내가 될 수 있었던 것 같다. 그리고 책 덕분에 많은 지식도 쌓을 수 있었다. 책의 고마움과 소중함을 잊고 있었던 나는 책에게 미안해졌다. 앞으로는 책의 고마움을 생각하면서 많이 읽어 나중에 유식하고 훌륭한 사람이 될 것이다.

마지막으로 책의 고마움을 느끼게 해 준 이 책이 정말 고맙고 책에 한 걸음 더 가까이 다가가게 해 주어서 감사하다.

<감상문2> 4학년 김하늘

코끼리 아줌마의 햇살 도서관

이 책을 읽으며 나에 대해 반성을 했다. 주인공들은 모두 도서관에 자주 가고 책 읽는 것도 좋아하고 책에서 기쁨을 느낀다. 그런데 나는 도서관에 자주 가지도 않았고 책 읽는 것도 별로 좋아하지 않는다. 이렇게 책을 싫어하는 나는 이 책이 가깝고도 멀게 느껴졌다. 그래서 이 책에 더 관심이 간 것 같다. 앞으로는 도서관을 이용하면서 책을 많이 읽어야겠다고 다짐했다.

<감상문3> 4학년 강예지

코끼리 아줌마의 햇살 도서관

진주라는 아이는 정말 힘들겠다는 생각이 든다. 말을 더듬는다고 친구들이 놀아 주지 않는 것은 정말 많이 슬픈 일이기 때문이다. 또 수정이도 말할 수 없는 괴로움을 겪은 것 같다. 가정형편이 어려워서 좁은 방에서 언니와 둘이 쓰며 책상 하나 없이 공부해야 하는 게 참 힘들었을 것이다. 하지만 여러 아이들이 도서관에 와서 책을 읽으며 가족과 사이도 좋아지고 정말 소중한 것이 무엇인지 알게 된 것을 보니 도서관이 참 좋은 것이라는 것을 알게 되었다.

〈감상문4〉 4학년 이민지

'코끼리 아줌마의 햇살 도서관'을 읽고

이 책을 읽으면서 도서관에서 일어난 일들을 보고 여태껏 도서관을 가지 않은 것이 후회스럽고 앞으로 자주 이용해야겠다는 생각이 들었다. 독서가 우리에게 지식을 주는 것뿐만 아니라 다른 많은 도움도 준다는 것을 깨닫고 감사하게 되었다. 이야기 속 인물들이 도서관을 통해 잘 되어 다행이고 기쁘다.

작가가 소설 속 이야기를 통해 독자들에게 전달하고 싶은 생각은 하나가 아니다. 아이가 소설을 읽고 깨달은 모든 것들이 작가가 독자들에게 전하려고 한 생각, 즉 주제라고 할 수 있다.

아이와 주제에 대해서 이야기를 할 때 주제를 하나로 정하려고 할 것이 아니라, 아이가 소설 속에서 얻은 것을 충분히 말하게 하면 좋을 것이다.

프레드릭

프레드릭 / 레오 니오니

프레드릭

레오 리오니

'프레드릭'은 네덜란드 출신인 레오 리오니의 유명한 그림 동화책이다. 작가만의 독특한 그림을 바탕으로 쓰인 이 동화는 짧지만 큰 울림을 주는 내용을 담고 있다. 어린이는 어린이대로 어른들은 어른들대로 생각에 잠기게 하는 우화이다. 삶의 방식에 대해서, 삶의 가치에 대해서.

아이와 함께 읽고, 사람들이 하는 일의 의미, 즉 먹고살기 위해 해야 하는 일과, 무익해 보이지만 사람들에게 또 다른 기쁨과 만족을 가져다주는 일들에 대해 생각해 볼 수 있는 책이다.

시나 소설, 또는 음악이나 미술과 같은 예술 작품이 사람들에게 주는 기쁨과 그것을 창조하는 예술가의 일에 대해서 생각을 나누는 시간을 가져 보자.

이 책은 그림책이므로 그림을 충분히 감상하면서 이야기를 읽게 하는 것이 좋다. 이야기가 주는 즐거움 못지않게 그림이 가져다

주는 기쁨에 대해서도 대화를 나누어보자. 예술이 왜 필요한지에 대한 답을 아이 스스로 느끼고 찾아낼 수 있게 이끌어가는 것이 좋겠다.

책 속의 보물

1. 사람마다 추구하는 삶이 다를 수 있다.
2. 시인이 왜 필요한가? - 시가 우리에게 주는 것
3. 난 어떤 삶을 살고 싶은가?

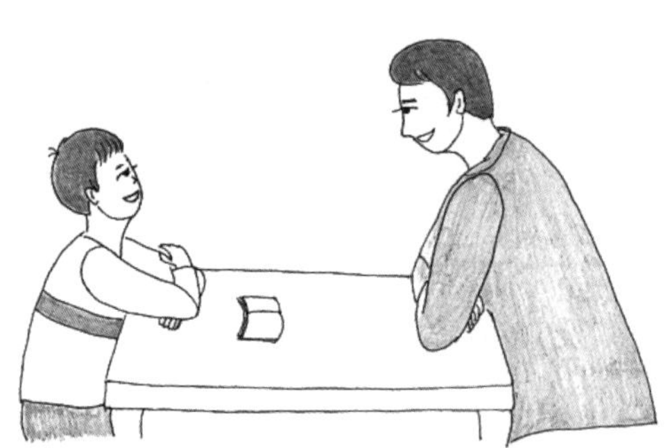

1

프레드릭

본 문

소들이 풀을 뜯고 말들이 뛰노는 풀밭을 따라 오래된 돌담이 있었다. 외양간과 곡식 창고가 멀지 않은 이 돌담에는 수다쟁이 들쥐 가족네 보금자리가 있었다.

어느 날 농부들이 멀리 이사를 가버리자, 외양간은 버려지고 곡식 창고는 텅 비었다. 겨울이 가까워지자 작은 들쥐들은 옥수수와 땅콩과 밀과 짚을 모으기 시작했다. 그들은 모두 밤낮으로 일했다. 프레드릭만 빼고 모두.

"프레드릭, 넌 왜 일을 안 해?" 그들이 물었다.

"나도 일해." 프레드릭이 말했다.

"난 춥고 어두운 겨울날에 대비해 햇살을 모아."

풀밭을 응시하며 앉아 있는 프레드릭을 보며 그들이 또 물었다.

"프레드릭, 지금은?"

"색깔을 모으고 있어." 프레드릭이 간단히 대답했다.

"겨울은 회색이잖아."

한번은 프레드릭이 반쯤 잠든 것처럼 보였다.

"너 꿈꾸고 있니, 프레드릭?" 그들이 비웃듯 물었다. 그러자 프레드릭이 말했다.

"아, 아니야. 난 낱말들을 모으고 있어. 겨울이 무척 길어서 우린 이야깃거리가 바닥날 거야."

겨울이 되었다. 첫눈이 내리자, 작은 들쥐 다섯 마리는 돌 틈으로 숨었다. 처음엔 먹이가 넉넉했다. 들쥐들은 바보 같은 여우들과 어리석은 고양이들 이야기를 하며 지냈다. 그들은 행복했다.

그러나 그들은 거의 모든 땅콩이며 열매들을 먹어 버렸다. 짚도 다 없어졌고 옥수수는 기억 속에만 남았다. 돌담 안은 추웠고 아무도 떠들고 싶지 않았다.

그때 그들은 프레드릭이 햇살과 색깔과 낱말들에 대해서 말했던 것이 생각났다.

"네가 모은 건 어떻게 되었니, 프레드릭?" 그들이 물었다.

"눈을 감아봐." 프레드릭이 커다란 돌 위에 올라가 말했다.

"내가 너희들에게 햇살을 보내줄게. 금빛 햇살이 느껴지니…?"

프레드릭이 햇살에 대해 말하자, 들쥐 네 마리는 따뜻함을 느끼기 시작했다. 이게 프레드릭의 목소리인가? 마법인가?

"그럼 색깔들은 어떻게 되었니, 프레드릭?" 그들이 마음을 졸이며 물었다.

"다시 눈을 감아 봐." 프레드릭이 그들에게 파란 덩굴꽃과 노란 밀짚 속의 붉은 양귀비꽃, 그리고 초록빛 딸기 덤불 이야기를 들려주자, 그들은 마치 마음속에 색칠을 한 듯 그 색깔들을 뚜렷이 느꼈다.

"그럼 낱말들은, 프레드릭?" 프레드릭은 목을 가다듬고 잠시 뜸을 들인 뒤, 무대에 선 듯 말했다.

누가 눈송이들을 뿌릴까? 누가 얼음을 녹일까?
누가 계절을 바꿀까? 누가 그것을 멋지게 만들까?
누가 유월의 네잎클로버를 자라게 할까?
누가 햇빛을 어둡게 할까? 누가 달빛을 비출까?

들쥐 네 마리가 하늘에 살아.
들쥐 네 마리야. 너희들과 나와 같은.

봄 쥐는 소나기를 몰고 와.

여름 쥐는 온갖 꽃에 색칠을 하지.

가을 쥐는 호두와 밀을 가져다 줘.

끝으로 겨울 쥐는 발이 차.

계절이 네 개라서 다행이지 않아?

계절이 하나 적거나 하나 더 많다고 생각해 봐."

프레드릭이 말을 마치자, 들쥐들은 모두 박수를 쳤다.

"프레드릭, 넌 시인이야!" 그들이 말했다. 프레드릭은 얼굴을 붉히며 인사를 한 다음 수줍게 말했다.

"나도 알아."

색종이를 찢어 붙이는 기법으로 그림을 만들어낸 독특한 그림책이다. 책의 표지 그림에서부터 글과 어우러져 있는 본문의 그림들을 아이와 함께 세밀히 감상하고 나서 독서대화를 나누는 것이 좋겠다.

독서대화

정 민 엄마, '프레드릭' 읽어 봐요. 책 표지에 꽃을 들고 있는 이 쥐가 주인공 프레드릭이겠죠? '꽃을 든 생쥐'네요.

어머니 그렇구나.

(읽는다.)

정 민 '프레드릭'도 우화 맞죠?

어머니 그렇단다. 사람들 이야기를 빗댄 이야기로 보는 게 좋겠지? 이 책의 그림이 어떠니?

정 민 그림이 특이해요. 종이를 오려서 붙인 그림 같기도 해요. 그런데도 쥐들의 표정이 보이는 게 신기해요.

어머니 그렇지? 이 작가가 만든 그림이 좋은 평가를 받아서 상도 여러 번 받았다고 해.

정 민 아, 그렇군요.

어머니 이 책에서 들쥐들이 한 가족인데, 프레드릭만 좀 다르지?

정 민 네. 다른 쥐들은 겨울 양식을 모으느라 분주하게 일하는데, 프레드릭만 다른 일을 해요.

어머니 프레드릭은 어떤 일을 하지?

정 민 햇살과 색깔과 낱말들을 모아요.

어머니 프레드릭이 그것들을 왜 모은다고 했지?

정 민 햇살을 모으는 건 겨울이 춥고 어둡기 때문이고, 색깔을 모으는 건 겨울이 회색이기 때문이고, 낱말들을 모으는 건 겨울이 길어서 말할 거리가 바닥날 것이기 때문이라고 했어요.

어머니 프레드릭이 한 말을 이해하겠니?

정 민 음… 배부르게 해 주는 음식 말고 마음을 채워주는 양식도 필요하다는 것 아닌가요?

어머니 오, 잘 이해하고 있구나.
이것을 사람들의 이야기로 생각할 때, 겨울은 무얼 뜻할까?

정 민 사람들이 살기 어려워졌을 때, 먹고살기 힘들 때……

어머니 옳지. 그럴 때를 위해 프레드릭이 모아 둔 것들이 뭘까?

정 민 프레드릭이 말로 무엇을 표현하니까 다른 쥐들이 추운데도 따뜻함을 느끼고, 겨울이 온통 회색인데 마음속에 색깔을 뚜렷하게 떠올리잖아요. 프레드릭은 그런 희망을 주는 말들을 모아 좋은 시를 써서, 힘든 사람들이 읽고 희망을 갖게 한다는 것 아닐까요?

어머니 오, 우리 정민이 대단하구나. 프레드릭이 쥐들에게 들려주는 이 시는 영어로 쓰인 원문을 읽으면 더 아름답게 느껴진단다. 시에 운율이 들어 있어서 노래를 듣는 것 같은 즐거운 느낌이 있어. 시를 번역해 놓으면 그런 것을 제대로 전달할 수가 없어서 내용만 알 수 있다는 게 안타까운 일이란다.

정 민 아, 그렇구나.

어머니 이 책 영어로 된 것을 엄마와 같이 읽어 보자. 원서를 읽으면 느낌이 좀 다를 수 있고 특히 시는 읽는 맛이 클 거야.

정 민 네. 좋아요. 엄마가 좀 도와주시면 영어사전을 보면서 읽을 수 있을 것 같아요.

어머니 좋아. 주말에 도서관에 가서 찾아보기로 하고 다시 책 내용으로 돌아가자.

너는 프레드릭과 같은 사람들이 있어야 한다고 생각하니?

정 민 네. 먹는 것도 중요하지만, 힘들 때 희망을 갖게 하는 일을 하는 사람들도 있어야 한다고 생각해요.

어머니 프레드릭과 같은 사람들이 구체적으로 어떤 사람일까?

정 민 시인이요.

어머니 그런 일을 하는 사람들이 시인뿐일까?

정 민 음… 화가, 작가, 음악가도 있어요. 아, 예술을 하는 사람들이 다 프레드릭이라는 생각이 들어요.

어머니 그래. 예술 작품으로 사람들의 마음을 위로하고 기쁨을 느끼게 하는 일을 하는 사람들은 모두 프레드릭이라고 할 수 있겠다.

그런데 이 들쥐네 식구들이 모두 프레드릭처럼 산다면 어떨까?

정 민 모든 식구들이 먹이 구하는 일을 하지 않고 프레드릭처럼 시만 쓰며 산다면 겨울에 다 굶어 죽을 거예요.

어머니 만약 프레드릭이 없다면?

정 민 춥고 먹이도 점점 떨어져가는 겨울에 희망도 없이 우울하게 살겠죠.

아, 먹을 것을 구하기 위해 일하는 사람도 있어야 하고 시를 쓰는 사람도 있어야 해요.

어머니 이 책 표지에 프레드릭이 빨간 꽃을 들고 있는 이유를 알 것 같지 않니?

정 민 알 거 같아요. 꽃이 희망을 나타내는 것 같아요. 희망을 주는 사람…

어머니 너는 프레드릭처럼 살고 싶니? 아니면 다른 들쥐처럼 살고 싶니?

정 민 아직 모르겠어요. 앞으로 생각을 많이 해 봐야겠어요. 둘 다 하고 싶기도 한데…

어머니 네가 지금부터 결정할 일은 아니야. 더 자라고 더 공부하면서 자신이 해야 할 일을 찾으면 된다. 어떻게 살 것인가는 어른이 되어서도 계속 생각해야 할 일이란다.

정 민 엄마는 어느 쪽이신가요?

어머니 엄마도 프레드릭이 되는 꿈을 가지고 있지만 지금은 다른 쥐들처럼 열심히 일한단다. 엄마 아빠가 열심히 일해야 우리 가족이 살아갈 수 있으니까.

정 민 아, 그렇군요. 저도 엄마의 꿈을 응원합니다.

어머니 고맙다. 네가 응원해 주니까 더 힘이 나는구나.

정　민　이 책을 엄마랑 같이 읽고 대화를 나누니까 지난번에 혼자 읽었을 때보다 훨씬 더 이해가 잘 되고 느끼는 것이 많아서 좋아요.

어머니　그렇지? 진작 독서대화를 나눌 걸 그랬구나.

정　민　지금이라도 좋아요. 이 작가의 다른 작품도 더 읽어 보고 싶어요.

어머니　그래. 레오 리오니 작가의 그림책이 많이 있으니 이것도 도서관에 가서 같이 찾아보면 좋겠다.

정　민　좋아요!

감상문 쓸게요.

〈감상문1〉 4학년 최 율

프레드릭

레오 리오니 작가가 만든 그림책 '프레드릭'을 보았다. 책 표지에 꽃을 든 쥐가 돌 사이에 앉아 있는데 그게 바로 프레드릭이다. 프레드릭은 다른 식구들과는 달리 식량을 구하는 일을 하지 않았다. 남들 보기에는 아무 일도 하지 않는 것처럼 보이지만 그는 특별한 일을 하는 거였다. 햇살과 빛깔과 낱말들을 모으는 일을 한다고 하였다. 추운 겨울날에 대비해서.

긴 겨울에 먹을 양식도 필요하지만 춥고 괴롭고 지루한 날들을 견디는 데는 햇살과 빛깔과 재미있는 시가 필요하다. 프레드릭이 그런 것들을 식구들에게 나누어주자 모두가 행복해한다.

먹고 사는 문제도 중요하지만 마음이 따뜻해지고 희망을 갖고 아름다운 꿈을 꾸며 사는 것도 중요한 일이라고 생각한다.

나도 앞으로 프레드릭과 같이 남들에게 희망을 나누어주며 사는 사람이 될 수 있을까 생각해본다. 어른이 되어서 이 책을 다시 읽어 보고 싶다.

〈감상문2〉 5학년 민소연

꿈꾸는 프레드릭

프레드릭이라는 멋진 이름을 가진 생쥐가 주인공이다. 프레드릭은 다른 쥐들과는 다르다. 식구들이 모두 먹고 사는 일에 매달려 힘들게 일하고 있을 때 프레드릭은 일하지 않는다. 남들 눈치가 꽤 보였을 텐데도 꿋꿋하게 자기가 하고 싶은 일을 한다. "나도 일하는 거야."라면서.

나머지 생쥐 가족들이 프레드릭을 욕하거나 원망하지 않는 것도 참 놀랍다. 프레드릭 혼자만 일하지 않고 매일 자는 것처럼 보이는데도 말이다.

누군가가 자신들과는 다른 일을 한다고 비웃거나 비난하면 안 된다는 걸 알았다. 사람마다 잘할 수 있는 일이 다 다르기 때문이다. 나는 이것을 잘하고, 누구는 저것을 잘한다는 것을 서로 인정해 주면 좋겠다. 내 기준으로 다른 사람을 판단해서는 안 되겠다.

<감상문3> 3학년 강예지

프레드릭

오늘 '프레드릭'을 읽었다. 어린 아이들의 책 같았지만, 그림을 좋아하는 나는 표지에 귀여운 쥐 한 마리가 빨간 꽃을 들고 있는 모습에 호기심을 느껴 책을 펼쳐 보았다. 그림마다 색깔이 있는 종이를 오려서 붙이고 그 위에 색칠을 한 그림으로 보였는데 아주 마음에 들었다. 프레드릭이 햇살에 대해 이야기를 했을 때 쥐들이 따뜻함을 느끼는 그림이 가장 기억에 남는다. 간단한 그림으로 이런 표현을 할 수 있다니 놀랍다.

멋있는 그림이 있어서 이야기가 더 재미있게 느껴졌다. 나는 쥐를 무척 싫어하지만 그림과 이야기 속의 프레드릭은 참 멋지다는 생각이 들었고 나도 앞으로 좀 더 새로운 그림을 그리고 싶다는 생각을 갖게 되었다.

'프레드릭'은 어린 아이가 읽는 단순한 이야기 같지만 독자에 따라 이해의 폭이 달라질 수 있는 작품이다. 아이들의 감상문에서 볼 수 있듯이 이 책에서 받아들이는 생각의 방향이 사뭇 다름을 알 수 있다. 짧은 이야기 속에 담긴 긴 이야기를 아이와 한 번의 대화로 그칠 것이 아니라 시간을 두고 다시 읽고 이야기를 나누어 보는 것도 의미 있으리라 생각한다.

다음은 이야기의 끝 부분에 프레드릭이 읊어 주는 시이다. 저자가 읽은 책은 시의 특징에 대한 고려 없이 번역에만 그쳐, 독자들이 프레드릭이 훌륭한 시인이라는 것에 공감하기 어렵다.

그래서 이 책을 읽는 독자들이 가능한 한 시의 맛을 느낄 수 있도록, 동음 반복이라든가 심상, 어조 등을 살려 필자가 번역하였다.

이 시는 각운*에 의한 운율이 매우 아름다운데, 우리말 번역으로 나타낼 수 없어 안타깝다. 영시 원문은 두 행이 짝을 이루어 (　　) 안의 단어들이 각운을 이루고 있음을 참고하면 좋겠다.

(* 각운 - 시행의 끝에 같은 소리를 맞춘 운율)

누가 눈송이들을 뿌릴까? 누가 얼음을 녹일까? (ice)
누가 계절을 바꿀까? 누가 그것을 멋지게 만들까? (nice)
누가 유월의 네잎클로버를 자라게 할까? (june)
누가 햇빛을 어둡게 할까? 누가 달빛을 비출까? (moon)

들쥐 네 마리가 하늘에 살아. (sky)
들쥐 네 마리야. 너희들과 나와 같은... (I)

봄 쥐는 소나기를 몰고 와. (showers)
여름 쥐는 온갖 꽃에 색칠을 하지. (flowers)
가을 쥐는 호두와 밀을 가져다 줘. (wheat)
마지막으로 겨울 쥐는 발이 차... (feet)

계절이 네 개라서 다행이지 않아? (four)
계절이 하나 적거나 하나 더 많다고 생각해 봐... (more)

독서 멘토가 영문으로 쓰인 시의 특성과 그것의 아름다움을 이해하면 아이와 함께 시에 대한 대화가 더욱 풍성하리라 본다.

바로 뒤에 이어지는 우리 시에 대한 독서대화를 읽으면, 운율을 비롯하여 심상, 비유 등과 같은 시의 특징에 대한 이해의 폭을 넓힐 수 있고, 따라서 아이와 함께 시가 주는 아름다움을 풍성하게 맛보며 감상할 수 있을 것이다.

시(詩)

1. 콩, 너는 죽었다 / 김용택

2. 이 바쁜 때 웬 설사 / 김용택

3. 굴뚝 / 윤동주

4. 살구꽃 지는 날 / 안도현

5. 해바라기 씨 / 정지용

시(詩)

시는 일반 글과는 다른 글이다. 시가 대체로 짧은 형태를 지니고 있지만 단순히 짧은 글이 아니다. 시는 긴 이야기를 짧게 압축하여 운율이 있게 쓴 글이다. 운율은 시에 음악과 같은 멋을 더할 뿐만 아니라 시의 주제를 효과적으로 전달하며 시의 의미를 풍성하게 해 주기도 한다.

시를 깊게 들여다보며 읽으면 곳곳에서 그림을 보는 듯 느껴진다. 시 전체가 하나의 그림이거나 영화의 장면으로 느껴지기도 한다. 이것을 심상이라고 부른다. 심상은 시를 읽을 때 마음속에 그려지는 감각적인 모습이나 느낌을 말한다. 운율을 살려 읽고 심상을 오감으로 감각하며 감상하는 것이 시의 아름다움을 체험하는 방법이다.

또 시는 직접 설명하지 않고 종종 비유의 방식으로 생각을 숨겨 놓기도 한다. 시어 속에 숨은 의미를 캐내는 일이 시를 읽는 즐거움의 하나이다.

이와 같이 운율과 심상, 비유 등의 요소들이 어우러져서 시인이 전달하려는 생각을 더 아름답게 또는 더 효과적으로 드러내는 것이 시라 말할 수 있다.

시 속의 보물

1. 시에는 이야기가 담겨 있다. - 산문으로 바꾸어 보기
2. 시에 음악이 들어 있다. - 운율 살려 읽기
3. 시를 들여다보면 그림이 보인다. - 심상을 감각으로 느끼며 감상하기
4. 시에는 숨은 뜻이 있다. - 함축된 의미 캐내기
5. 시의 화자 - 시인의 생각을 대신 말하는 사람
6. 시가 전하는 말 - 주제

시는 시인의 정서와 사상을 운율 있는 언어로 압축하여 표현한 언어예술이므로 산문문학과는 읽는 방법을 달리해야 한다.

자녀와 함께 시를 여러 번 소리 내어 읽으며 운율을 느끼고, 시 속의 광경을 심상으로 떠올리며, 시어에 함축된 의미들을 음미하여 시의 아름다움을 충분히 감상한다.

먼저 아이에게 시의 내용을 이야기로 풀어서 말해 보게 한다. 아이는 긴

이야기가 간결하고도 운율 있는 언어로 압축된 것을 깨닫고 시와 산문의 차이를 알게 된다.

다음으로 심상을 느낄 수 있는 구절들을 어떤 감각으로 느꼈는가를 말하게 한다. 아이는 시가 오감(五感)으로 감상하는 문학예술이라는 것을 알게 된다. 심상은 대개 비유를 통해 표현되므로 무엇을 비유해 놓았는지를 파악해 말하게 함으로써 시의 함축성을 알게 해 준다.

끝으로 시가 전하고자 하는 바가 무엇인지, 그리고 위 요소들이 합하여 시가 얼마나 아름다운 세계를 이루었는지 감상하게 한다.

시에 대한 독서대화에서 중요한 것은 독서 멘토와 아이가 시 속에 흠뻑 빠지는 일이다. 겉만 읽어서는 결코 시 속의 빛나는 보물을 캐내어 맛볼 수 없다. 자, 이제 시를 읽어 보자.

1

콩, 너는 죽었다

- 김용택

콩, 너는 죽었다

콩 타작을 하였다.
콩들이 마당으로 콩콩 뛰어나와
또르르또르르 굴러간다.
콩 잡아라 콩 잡아라.
콩 잡으러 가는데
어, 어, 저 콩 좀 봐라
쥐구멍으로 쏙 들어가네.

콩, 너는 죽었다.

콩 타작하는 날의 즐거운 광경을 아이의 시선으로 재미있게 표현한 시이다. 시 속에 담겨 있는 이야기를 상상하며 풍부하게 감상한다.

이 시는 반복되는 시어가 만들어 내는 운율로 주제를 효과적으로 드러낸다. '콩'이라는 단어가 계속 반복되어 콩들이 여기저기 튀는 모습을, '또르르또르르'는 콩이 굴러가는 모습을 선명하게 떠올리게 해 준다. '콩 잡아라 콩 잡아라' 역시 아이들이 콩 잡으러 뛰어다니는 모습을 동영상처럼 보여준다.

이런 운율의 맛을 느끼기 위해서는 시를 소리 내어 읽어야 한다. 시를 읽을 때는 운율을 살려 천천히 끊어 읽되 행이 바뀔 때마다 호흡을 쉰다. 시의 연은 산문의 문단에 해당하므로 연이 바뀔 때는 좀 더 길게 쉰다.

규칙적인 운율이 들어 있는 정형시는 운율을 살려 읽는 것이 쉬운데, 오늘날의 시들은 대부분 운율이 자유로우므로 일정한 리듬으로 읽는 것이 가능하지 않다. 몇 번 읽어 보면서 자연스러운 호흡으로 읽으면 된다.

어머니 오늘은 시를 읽어 볼까? 여기 재미있는 시가 있네. 소리 내어 읽어 보렴.

정 민 네. 좋아요.

콩, 너는 죽었다? 우와, 제목이 재미있어요.

(소리 내어 읽는다.)

하하… 재미있어요. 이렇게 재미있는 시가 있는지 몰랐어요.

어머니 그렇지? 엄마도 그랬단다.

시는 앞에서 읽은 이야기들과는 다르게 읽게 되지?

정 민 네.

어머니 이유가 뭘까?

정 민 시니까요. 시처럼 읽어야지요.

어머니 시처럼 읽는다는 것은 시가 다른 글과는 다르다는 말이겠지? 시는 다른 글들과는 어떻게 다를까?

정 민 음… 길이가 짧아요……

어머니 길이가 짧다고 다 시가 되는 걸까?

정 민 그건 아닐 건데……

어머니 시가 다른 글들과 어떤 차이가 있는지 알아보려면 시를 이야기로 바꿔 보면 이해하기 쉽단다. 시 속에 들어 있는 이야기를 상상해서 산문으로 써 볼래?

정 민 좋아요. 재미있을 것 같아요.

<산문으로 바꿔 쓰기> 3학년 김수영

콩, 너는 죽었다 / 김용택

오늘 우리 집에서 콩 타작을 하였다. 마당에 말려 둔 콩들을 놓고 아빠가 도리깨질을 하였다. 타닥타닥하는 소리와 함께 콩들이 튀어나왔다. 어떤 콩들은 콩콩 뛰며 굴러갔다. 나와 내 동생은 굴러가는 콩들을 잡으러 이리 뛰고 저리 뛰었다. 막 콩을 잡으려는 순간 콩 한 개가 쥐구멍으로 쏙 들어갔다. 쥐가 먹기 전에 그 콩을 꺼내야 했다. 그래서 손을 쥐구멍에 쭈욱 뻗어 콩을 잡았다.

어머니 이야기로 잘 썼네. 같은 내용인데도 시와 이야기의 느낌이 다르지?

정 민 시는 읽을 때 박자가 있는 거 같아요.

어머니 그래. 그게 시의 특징이란다. 박자가 있는 것 같고 노래와 비슷한 느낌이 있지? 그걸 뭐라고 부르는지 아니?

정 민 리듬이요?

어머니 리듬이 맞긴 한데, 우리말로는 운율이라고 해.

정 민 아, 운율이요.

어머니 운율이란 말이 뭔지 사전을 찾아볼까?

정 민 네. (사전을 읽는다.)

"운율 - 운문에서 행을 이루는 단어의 배열과 글자의 발음에 의하여 일정한 리듬감을 자아내게 하는 것. 소리의 강약, 장단, 고저 등을 이용하거나 소리의 반복을 통해 리듬을 만들어 낸다."

어머니 운문이 뭘까?

정 민 '운율이 있는 글'이겠죠. (사전을 찾는다.) 아, 맞았어요.

"운문 - 언어의 배열에 일정한 규율 또는 운율이 있는 글. 시의 형식으로 지은 글."

시가 운문이네요.

어머니 맞았어. 시는 다른 글들과는 다르게 운율이 들어 있는 운문이란다. 이 시의 운율을 만들어내는 것들을 소리 내어 읽으며 찾아볼까?

정 민 (낭독한다.)

콩// 너는 죽었다//

콩 타작을/ 하였다./
콩들이/ 마당으로/
콩콩/ 뛰어나와/
또르르또르르/ 굴러간다./
콩 잡아라/ 콩 잡아라./
콩 잡으러/ 가는데/ (/은 리듬 있게 끊어 읽는 부분)

여기까지는 일정하게 두 박자씩 끊어 읽게 돼요. 아랫부분은 위에서처럼 규칙적이지는 않지만 자유로운 운율이 있어요.

어,/ 어,/ 저 콩 좀/ 봐라/
쥐구멍으로/ 쏙/ 들어가네.//
콩,/ 너는 죽었다.

그리고 '콩'이란 말이 많이 들어가 있어서 읽다보면 경쾌한 운율이 느껴지고, 콩이 콩콩 튀는 것처럼 느껴져요. '또르르또르르'는 콩이 굴러가는 게 보이는 것 같아요. '콩 잡아라 콩 잡아라'도 반복되어서 운율이 느껴져요.

어머니 오, 운율을 살려서 잘 읽고 파악도 잘했다.
시는 운문인데, 운율이 없는 보통의 글은 뭐라고 부를까?

정 민 산문이죠.

어머니 맞아. 시가 아닌 일반 글은 모두 산문이야. 그런데 시가 운율이 들어 있는 운문이라는 것 말고도 시의 특징이 여러 개가 더 있단다.

정 민 뭔데요?

어머니 네가 아까 이야기로 바꿔 보니까 길이가 길어졌지?

정 민 네. 시는 산문으로 쓰면 길이가 긴 이야기인데 그것을 줄여서 짧게 쓴 것 같아요.

어머니 단순히 줄인다는 것보다는 압축이라는 말이 더 적합하단다. 긴 이야기를 운율을 넣어 짧게 압축해 놓은 것이 시라고 할 수 있어.

정 민 아, 압축이요.

어머니 시는 운율 말고도 다른 글들과는 다른 특징이 또 있단다. 이 시를 읽으면서 마치 시 속의 장면을 보는 것 같았지?

정 민 네. 타작할 때 콩들이 콩콩 튀는 것과 콩이 또르르 굴러가는 모습, 또 콩이 굴러서 쥐구멍으로 들어가는 모습이 보이는 듯했어요.

어머니 그렇지? 그렇게 시를 읽을 때 머릿속에 그려지는 모습이나 느낌을 부르는 말이 있단다.

정 민 뭔데요?

어머니 '심상'이라고 해. '마음속에 떠오르는 모습'이라는 말이 되는데, 이 시에서처럼 눈에 보이는 듯한 느낌도 있고, 냄새를 맡는 듯하기도 하고, 맛이 느껴지는 듯하기도 하고, 소리가 들리는 듯하기도 하고, 때로는 몸에 무엇이 닿는 듯한 느낌, 이런 것들을 말한단다.

정 민 아, 그런 게 있군요.

어머니 그래. 그 중에서 눈에 보이는 듯한 느낌을 시각적 심상이라고 한다. 시각 알지?

정 민 네. 시각. 눈으로 본다는 말이에요. 아, 그래서 시각적 심상……

어머니 그러면 냄새를 맡는 듯한 느낌은 뭐라고 부를까?

정 민 냄새를 맡는 건……

어머니 후각이지. 후각적 심상이야. 그럼 맛이 느껴지는 듯한 것은?

정 민 미각적 심상인가요?

어머니 오, 맞아. 소리가 들리는 듯한 것은?

정 민 청각적 심상이겠네요.

어머니 촉감을 느끼는 듯한 것은?

정 민 촉각 아닌가요? 촉각적 심상이요.

어머니 맞아. 이 시는 여러 심상 가운데서 어떤 것이 두드러지니?

정 민 시각적 심상이요. 그래서 타작하고, 콩들이 굴러가고, 그걸 잡으러 아이들이 뛰어다니고 하는 모습이 눈에 보이는 것 같아요.

어머니 그런 느낌을 충분히 즐기면서 감상하는 것이 시를 제대로 읽는 방법이란다.

정 민 알겠어요. 앞으로 시를 읽을 때 심상을 생각하며 읽어야겠어요.

어머니 그래. 좋은 생각이야.
그런데 시 속에서 말하는 사람이 있지? 그 사람을 뭐라고 부르는지 아니?

정 민 네. 알아요. 시의 화자라고 배웠어요.

어머니 이 시의 화자는 누구인 것 같니?

정 민 어린이요. 귀여운 아이가 말하는 것 같아요.

어머니 이 시를 어린이가 쓴 걸까?

정 민 음…… 그건 아닌 것 같아요. 어른이 썼는데 어린이를 주인공으로 한 것 아닐까요?

어머니 그렇단다. 시인이 시를 쓰지만 시에 따라 시 속에서 말하는 사람을 다르게 정해서 쓰는 거지. 마치 소설에 나오는 주인공이, 소설가 그 사람이 아닌 것처럼.

정 민 잘 알겠어요. 시의 화자가 누군가에 따라 시의 느낌이 달라지겠네요.

어머니 옳지. 그렇단다. 이 시에서 어른을 화자로 했다면 어떻게 다를까?

정 민 어른을 주인공으로 하면 콩 타작하는 일이 재미없고 힘든 일일 수도 있어요. 콩 타작하는 날의 모습을 재미있게 표현하기 위해서는 역시 어른보다는 아이를 주인공으로 해야겠네요.

어머니 그렇겠구나.

이 시에서 시인이 표현하려 한 것이 뭘까?

정 민 콩 타작을 하는 날의 재미있는 광경을 표현하려 한 것 같아요.

어머니 그래, 좋다.

그럼 시를 충분히 감상한 것 같은데 그걸 글로 써 보겠니?

정 민 네.

〈감상문1〉 4학년 김하늘

콩, 너는 죽었다

콩 타작하는 모습을 시로 나타낸 것이 흥미 있다. '콩콩', '또르르또르르' 등의 표현으로 운율이 느껴져 노래처럼 재미있다. 압축이 되어 간결하지만 심상이 잘 드러나 소년이 콩을 줍는 모습이 눈에 선하다. '콩, 너는 죽었다'라는 말이 재미있고 시 속 이야기가 흥미롭다. "굴러가는 저 콩 잡아라" 하며 급하게 달려가는 모습이 보이는 듯하다.

이 시는 콩 타작하는 모습을 재미있고 순수하게 표현한 점이 마음에 든다.

〈감상문2〉 4학년 최 율

콩, 너는 죽었다

눈앞에 콩 타작하는 모습을 생생히 보여주는 '콩, 너는 죽었다'는 정말 재미있다. 콩들이 마당으로 콩콩 뛰어나와 또르르또르르 굴러간다는 표현이 콩들이 마당에서 통통 튀고 덤블링하며 굴러가는 생각이 들어 콩이 귀엽다는 생각이 들었다. '콩 콩' '또르르또르르'라는 운율도 느껴지는 표현이었다. 또 재미있는 표현은 "굴러가는 저 콩 잡아라"이다. 화자가 콩을, 개가 뼈다귀 쫓듯 따라가는 모습이 정말 기억에 오래 남을 것 같다. 여러 장면을 떠올리게 하는 이 시는 정말 재미있다.

2

이 바쁜 때 웬 설사

- 김용택

이 바쁜 때 웬 설사

소낙비는 오지요
소는 뛰지요
바작에 풀은 허물어지지요
설사는 났지요
허리끈은 안 풀어지지요
들판에 사람들은 많지요

이러지도 저러지도 못하는 매우 난처한 상황을 익살스럽게 표현한 시이다. 시의 장면을 머릿속에서 동영상처럼 떠올리며 재미있게 감상할 수 있다. 아이에게 시 속의 상황을 충분히 상상하여 이야기로 꾸며 보게 하면 시의 특징을 이해하는데 큰 도움이 될 것이다.

정　민　엄마, 여기 또 웃긴 시가 있어요. 이 바쁜 때 웬 설사? 큭큭…

읽어 볼게요.

(소리 내어 읽는다.)

정　민　먼저 '바작'이라는 말을 찾아봐야겠어요. (사전을 찾아 읽는다.) '발채'의 전라도 방언이네요.

'발채'는 "짐을 싣기 위하여 지게에 얹는 소쿠리 모양의 물건. 싸리나 대오리로 둥글넓적하게 조개 모양으로 결어서 접었다 폈다 할 수 있게 되어 있다."

발채, 그러니까 바작이 뭔지 알겠어요. 풀을 잔뜩 베어 바작에 실어 놓았는데 허물어져 풀이 바닥에 쏟아지고 있다는 얘기네요. 기껏 베어서 담아 놓았는데……

이 시의 화자도 어른이 아닌 것 같아요. 제 나이 또래의 어린이 같아요. 이것도 화자가 어른이라면 재미있지 않을 거예요.

이거 이야기로 바꿔 볼게요. 재미있게 쓸 수 있어요.

산문으로 바꿔 쓰기는 시에 드러나 있는 내용만이 아니라 그 전후 상황까지 충분히 상상하여 이야기를 꾸며내서 재미있게 쓰게 한다. 나름대로 제목을 만들어 붙여도 좋겠다.

<산문으로 바꿔 쓰기> 6학년 이유리

설사와 소나기

와! 오늘 날씨 한번 참 좋다. 나는 친구들과 뛰어놀 생각에 신이 나 점심밥을 후다닥 먹었다. 좀 천천히 먹으라고 어머니께 꾸중을 들었지만 아무렇지도 않았다. 내가 문을 열고 밖에 나가려는 순간, 어머니께서 날도 좋으니 소 꼴 좀 먹이라며 고삐를 내게 쥐어 주셨다. 나는 짜증났지만 하는 수 없이 소를 끌고 문밖을 나셨다.

밖에 나온 소는 신이 나 보였다. 들판에 소를 풀어 꼴을 실컷 먹게 두고 나는 풀을 베기 시작했다. 그때였다. 꾸르륵! 이번에는 이놈의 배가 문제였다. 아까 급하게 먹고 뛰어서 그런지 배가 슬슬 아파왔다. 점점 더 심해지더니 참을 수 없을 정도가 되어 하는 수 없이 마땅한 장소를 찾는데 들판에 사람들이 너무 많이 보였다. 그때였다. 빗방울이 후두둑 떨어지는 것이 아닌가.

나는 허둥거리며 최대한 구석으로 가서 바작을 세워 놓고 똥을 누려고 하는데 이번엔 또 허리끈이 풀어지지 않는 것이었다. 내가 허리끈을 잡고 낑낑대는데 소나기가 본격적으로 쏟아지니 소가 놀라서 펄쩍펄쩍 뛰어 달리기 시작했다. 옆에 세워 놓은 바작이 쓰러져 풀이 쏟아지는 걸 한 눈으로 보며 바지춤을 붙들고 소를 쫓아가려다가 나는 결국 바지에 쏟아버리고 말았다.

어머니 참 재미있게 잘 썼구나. 이야기를 쓰면서 뭘 느꼈니?

정 민 짧은 시 속에 긴 이야기가 담겨 있다는 걸 새삼 느꼈어요. 긴 이야기를 압축해서 짧은 시로 만든 거지요.

어머니 이 시를 읽을 때는 어떤 운율을 느꼈니?

정 민 말끝마다 '지요'가 반복돼서 운율이 느껴져요. 낭독하는 맛이 나요.

어머니 그렇구나. 다시 한 번 운율을 살려 낭독해 보겠니?

정 민

이 바쁜 때 웬 설사//

소낙비는/ 오지요/
소는/ 뛰지요/
바작에/ 풀은/ 허물어/지지요/
설사는/ 났지요/
허리끈은/ 안 풀어/지지요/
들판에/ 사람들은/ 많지요/

어머니 그렇게 읽으니 가락이 잘 느껴지는구나. 이 시에서는 어떤 심상이 느껴지니?

정 민 시 전체가 영화의 한 장면 같아요. 소나기가 오고, 소가 막 뛰어서 잡아야 하는데, 담아 놓은 풀은 쏟아져서 그것도 붙들려고 하니 설사가 나오려고 해서 급하게 바지 허리끈을 풀려 하는데 풀어지지도 않고… 허둥지둥 쩔쩔매는 장면을 보는 듯해요.

어머니 그렇지? 그런데 이 시에서 말하려는 게 뭘까?

정 민 여러 가지 급한 일이 겹쳐 몹시 곤란한 상황이요.

어머니 그래. 시의 화자는 무척 곤란해서 쩔쩔매는데 읽는 사람에게는 무척 웃기지?

정 민 네. 곤란한 것을 괴롭게 표현하지 않고 웃기게 표현해서 재미있어요.

어머니 이렇게 웃기게 표현하는 것을 뜻하는 말이 있는데…

정 민 유머, 개그… 이런 말은 아닐 텐데…

어머니 익살이라는 말이야. 들어봤니?

정 민 아니요.

어머니 익살은 우리말이야. 유머나 개그와 비슷한 뜻으로 써. '익살스럽다'나 '익살을 떨다'로 쓰는데, 이것도 찾아볼까?

정 민 네.
"익살 – 남을 웃기려고 일부러 하는 말이나 몸짓"이에요.

정 민 매우 괴롭고 곤란한 상황을 익살스럽게 표현해 놓은 시군요.

어머니 옳지. 그럼 이 시의 감상을 써 보겠니?

정 민 네.

〈감상문〉 5학년 김미래

이 바쁜 때 웬 설사

이 시는 누구나 한 번쯤은 겪어보았을 만한 괴롭고 곤란한 일을 시로 익살스럽게 표현하였다. 재미있게 느껴지면서도 많이 공감되었다. 행마다 '지요'로 끝나서 읽을 때 반복적인 리듬이 시를 더욱 생동감 있게 해 주었다. 좋지 않은 일이 한꺼번에 일어나는 것을 설상가상이라고 배웠는데 이 시에 들어 있는 내용이 바로 설상가상의 상황이다. 이 시를 통해 한자성어도 다시 한 번 복습하게 되었다.

<산문으로 바꿔 쓰기> 6학년 김지우

악몽 같은 날

"민희야! 가만히만 있지 말고 심부름 좀 다녀오렴."

아침에 밥을 많이 먹어서 배가 불러 잠을 자려고 하던 찰나, 엄마가 심부름을 시키셨다. "옆집에서 꼴 좀 얻어 오렴." 옆집이라고 하기엔 멀어서 귀찮았지만 심부름을 안 하면 잔소리를 들을 게 뻔하니 소를 끌고 집을 나왔다. '날씨가 많이 흐리구나.' 곧 비가 올 것 같아서 걸음을 빠르게 했다.

옆집에 도착했다. "아주머니, 안녕하세요? 꼴 좀 얻어갈 수 있을까요?" "이리로 오렴. 가져갈 만큼 가져가거라." 아주머니는 지게 바작에 꼴을 가득 올려 주시고는 말하셨다. "민희야, 곧 소나기가 올 것 같으니 얼른 집으로 가렴." "네." 나는 한 손으로는 소 고삐를 잡고 꼴을 한 짐 진 채 집으로 향했다.

들판에 다다르니 농부 아저씨들이 나에게 인사를 건네셨다. 나도 인사를 하려던 찰나에 빗방울이 한두 방울 떨어졌다. 소가 놀랐는지 뛰기 시작했다. 고삐를 놓칠 수 없어서 같이 뛰었더니 배가 아파왔다. 아침에 밥을 너무 많이 먹었나보다. 어느새 급한 똥이 나오기 직전이었다. 아저씨들은 엉거주춤 뛰는 나를 보고 웃으셨다.

집이 바로 코앞에 보였지만 소는 너무 빨리 뛰고 설사가 나올 것 같았다.

빗줄기가 더 세지자 소는 더 날뛰기 시작했다. 소를 따라 나까지 들썩이게 됐다. 뛸 때마다 지게 바작에 풀들은 쏟아져 내리는데 그걸 붙잡을 새도 없이 바지 속으로 주륵 주륵 주르륵 나오더니 어느새 바지가 축축해졌고 이게 설사인지 빗물인지 모를 만큼 젖었다. '에라 모르겠다. 일단 뛰자.' 지금 소와 꼴이 중요한가, 만약 여기서 누군가를 마주치게 된다면 앞으로는 밖에 나오지도 못할 것이다. '아직 포기하긴 일러. 조금만 더 가면 돼.' 똥 싼 바지를 움켜잡고 달리던 중 누군가와 부딪쳤다. 우산을 들고 나오신 엄마였다. "어머, 애는 심부름하고 오는데 왜 이렇게 늦니? 소는 어딨고? 이건 또 무슨 꼬랑내야?" 하필 이럴 때 엄마는 날 가로막고 잔소리를 하셨다. '아…… 어머니……'

"뿌직 뿌지직 뿡" 하고 설사가 나와 버렸다. 결국엔 엄마의 잔소리를 들으며 바지에 쏟아 놓을 수밖에 없었다. 다 내보내고 나서야 엄마의 잔소리가 멈추었다.

아이들의 상상의 힘은 무한하다. 짧은 시를 읽고 한 편의 소설과도 같은 이야기를 꾸며 내었다. 이렇듯 시를 읽고 그 속에 담긴 이야기를 한껏 상상하여 꾸며 보게 하면 아이는 짧은 시 속에 긴 이야기가 담겨 있다는 걸 깨달음과 동시에 상상력이 길러진다.

3

굴뚝

- 윤동주

굴뚝

산골짜기 오막살이 낮은 굴뚝엔
몽기몽기 웬 내굴 대낮에 솟나

감자를 굽는 게지 총각 애들이
깜박깜박 검은 눈이 모여 앉아서
입술이 꺼멓게 숯을 바르고
옛이야기 한 커리에 감자 하나씩

산골짜기 오막살이 낮은 굴뚝엔
살랑살랑 솟아나네 감자 굽는 내

이 시는 운율이 규칙적이어서 시를 소리 내어 읽을 때 재미를 더 맛볼 수 있다. 즐겁게 읽는 가운데 시의 내용을 상상하며 시 속 화자의 시선을 느껴 보는 것이 좋겠다.

독서대화

정 민 윤동주 시인의 '굴뚝'이라는 시가 있어요. 이 시도 재미있어요.

어머니 오, 재미있는 시를 골랐구나. 한 번 읽어 볼래?

정 민

굴뚝//

산골짜기/ 오막살이/ 낮은 굴뚝엔//
몽기몽기/ 왠 내굴/ 대낮에 솟나//

감자를/ 굽는 게지/ 총각 애들이//
깜박깜박/ 검은 눈이/ 모여 앉아서//
입술이/ 꺼멓게/ 숯을 바르고//
옛이야기/ 한 커리에/ 감자 하나씩//

산골짜기/ 오막살이/ 낮은 굴뚝엔//
살랑살랑/ 솟아나네/ 감자 굽는 내//

정 민 운율이 규칙적이네요. 행마다 세 번씩 끊어 읽고 쉬어요. 3박자 리듬처럼요. 노래하는 것 같아요. 리듬이 있어서 시가 더 경쾌하고 재미있게 느껴져요.

어머니 그렇구나. 그런데 잘 모르는 낱말이 있지?

정 민 네. '내굴'하고 '커리'라는 말이요. 찾아봐야겠어요. 아, 여기 책 아래쪽에 설명이 나와 있어요. 내굴은 연기이고, 커리는 이야기 하나씩을 가리키는 말이네요. 사투리인가 봐요.

어머니 오막살이가 뭔지 아니?

정 민 아주 작고 초라한 집이요.

어머니 그래 낱말의 뜻을 알았으니 시 내용을 이해하는 건 어렵지 않지?

정 민 네.

어머니 시의 화자는 누굴까?

정 민 남자 아이인가? 아, 아니에요. 산골짜기 오막살이에서 웬 연기가 대낮에 솟나 하고 궁금해 하는 사람이 화자예요. 맞죠?

어머니 그래, 맞아.

정 민 시의 화자가 어른이겠죠? '총각 애들이'라고 하는 걸 보면.

그런데 왜 '총각 애들'이라고 했을까요? 총각은 다 큰 청년 아닌가요?

어머니 여기선 남자 아이들을 총각이라 부른 것 같구나. 시인 윤동주 님이 시를 쓰신 시대는 천구백삼사십 년대이니, 그때는 지금보다 훨씬 어린 나이에 혼인을 했거든. 그 때 장가 안 간 총각이라면 애들이겠지.

정 민 아, 그렇군요.

어머니 시의 화자가 총각 애들을 실제로 보고 표현한 내용일까?

정 민 아니에요. 시의 화자가 상상한 거예요. 아이들이 집 안에서 그럴 거라고 상상한 내용이에요.

어머니 잘 파악했다. 이 시도 산문으로 바꾸어보면 내용을 더 잘 이해할 수 있겠다.

정 민 네. 그렇겠어요. 산문으로 쓸게요.

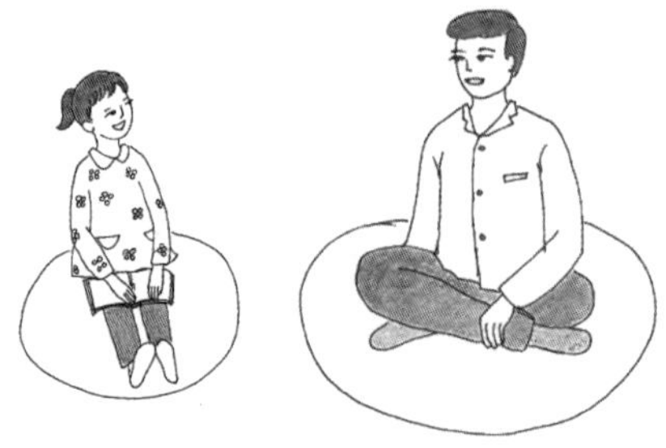

<산문으로 바꿔 쓰기> 5학년 김미래

굴뚝

산길을 가다보니 골짜기에 오두막집 하나가 보이는데, 낮은 굴뚝에서 연기가 난다. 이 대낮에 누가 밥을 하는 것도 아닐 텐데 웬 연기가 날까 궁금해진다. 아마도 어른들이 다 일하러 나가고 배고픈 동네 아이들이 모여서 감자라도 구워먹고 있나 보다. 재미있는 옛날이야기라도 하나씩 하며 깔깔거리기도 하겠지. 숯불에 구운 감자를 먹느라 입술과 얼굴을 온통 까맣게 칠하고서 즐겁게 노는 남자 아이들의 모습을 상상해본다. 산골짜기 오막살이집 낮은 굴뚝에서 감자 냄새가 살랑살랑 풍기는구나.

어머니 잘 썼네. 이 시가 표현하려고 한 건 뭘까? 주제 말이야.

정 민 아이들이 즐겁게 노는 모습……

어머니 좀 더 생각해 보자. 산골짜기에 있는 오막살이니까 여기 사는 사람들은 살림살이가 어떨까?

정 민 아주 가난하겠죠.

어머니 그런데 대낮에 굴뚝에서 연기가 솟아나는 것을 보고 그 안에서 누가 무엇을 하는지 화자가 상상하는 거야. 집에 남아 있는 아이들이 즐겁게 감자를 구워먹으며 놀고 있을 거라고.

정 민 아, 화자가 산골짜기 오막살이에 사는 사람들을 불쌍하게 바라보는 게 아니에요. 윤동주 시인의 따뜻한 마음이 느껴져요.

가난하지만 행복하게 노는 아이들의 모습을 표현한 것이라고 생각해요.

어머니 내 생각도 같단다.

아까 이 시의 운율 이야기를 했었는데, 운율이 이 시에 어떤 효과를 줄까?

정 민 세 박자의 운율이 아주 경쾌해서 아이들이 즐겁게 먹고 노는 분위기를 더 살려줘요.

어머니 우리 정민이 시 감상을 제법 잘하는구나.

정 민 헤헤……

어머니 이 시에 대해서 더 할 이야기가 있지 않니?

정 민 심상이요.

어머니 그래. 어떤 심상이 두드러지니?

정 민 전체에 시각적 심상이 들어있어요. 그래서 그림을 보는 것 같고… 아, 움직이니까 동영상의 한 장면 같아요. 그리고 감자 굽는 냄새도 나요. 그러니까 후각적 심상도 들어있어요.

어머니 그렇구나. 처음에 읽어 보았을 때와 지금의 느낌이 차이가 있니?

정 민 네. 처음엔 그냥 재미있다고만 생각했는데, 내용과 심상과 운율 같은 것들을 생각하며 감상하니까 참 아름다운 시라는 생각이 들어요.

어머니 그 감상을 글로 써 보자.

정 민 네.

〈감상문 1〉 6학년 이유리

굴뚝

윤동주 시인의 '굴뚝'이라는 시는 읽어보면 3`3`5조로 반복되는 운율이 있어 리듬을 맞추어 읽을 수 있어 재미가 느껴진다. 시각적 심상이 두드러진 시라서 시 속의 광경이 선명히 그려진다. 남자 아이들이 감자를 굽는 모습, 이야기하는 모습, 입술이 꺼멓게 변한 모습, 굴뚝에서 연기가 장면 등이 눈에 보이는 것 같다. 그리고 "감자 굽는 냄새"에서는 진짜 감자 굽는 냄새가 나는 느낌이 들었다. 감자 굽는 아이들이 옛 이야기를 하며 노는 모습이 참 즐거워 보인다. 윤동주 시인의 다른 시들도 더 읽고 싶다.

4

살구꽃 지는 날

- 안도현

살구꽃 지는 날

할머니, 살구나무가
많이 아픈가 봐요

살구꽃 이파리 깜빡깜빡
저렇게 떨어지는데
우두커니 먼 산만 바라봐요
흰 머리카락 올올이 풀어져도
빗을 생각을 안해요
참빗을 어디 두었는지
잊어 먹었나 봐요

할머니, 살구나무가
할머니처럼 아픈가 봐요

이 시를 감상하기 위해서는 특히 심상을 통한 상상력이 필요하다. 이 시는 살구꽃이 지는 모습을 표현하려 한 것이 아니라 아픈 할머니를 걱정하는 아이의 마음을 전달하려는 것이다.

시의 화자인 아이가 "살구나무가 할머니처럼 아픈가 봐요."라고 말하지만, 살구나무를 걱정하는 것이 아니라 사실은 아픈 할머니를 걱정하는 것이다.

4월 화창한 봄날, 마당에 서 있는 살구나무 하얀 꽃이 시야에 가득한데, 아이의 눈에는 그 꽃이 아름답게 보이지 않는다. 할머니가 아프시기 때문이다.

한 잎 두 잎 떨어지는 살구 꽃잎은 할머니가 깜박깜박 고개를 떨어뜨리며 조는 모습으로 보인다. 바람결에 하얀 꽃잎이 우수수 흩어지는 것은 흰 머리카락이 풀어져 내리는 할머니의 모습과 겹쳐진다. 꽃잎이 수없이 떨어지는데도 살구나무가 묵묵히 서 있는 것은 우두커니 먼 산을 바라보는 할머니의 망연한 모습이다.

하얀 살구 꽃잎이 떨어져 내리는 모습과 흰 머리의 할머니 모습을 동시에 떠올리며 감상할 수 있는, 슬프면서도 아름다운 작품이다.

독서대화

어머니 이 시 읽어보겠니?

정 민 '살구꽃 지는 날', 무척 아름다운 시일 것 같아요.

살구꽃 지는 날//

할머니,/ 살구나무가/
많이/ 아픈가/ 봐요//

살구꽃/ 이파리/ 깜빡깜빡//
저렇게/ 떨어지는데//
우두커니/ 먼 산만/ 바라봐요//
흰/ 머리카락/ 올올이/ 풀어져도//
빗을/ 생각을/ 안해요//
참빗을/ 어디/ 두었는지//
잊어/ 먹었나/ 봐요//

할머니,/ 살구나무가//
할머니처럼/ 아픈가/ 봐요//

정 민 살구꽃이 하늘하늘 아름답게 떨어지는 모습을 표현한 시인 줄 알았는데, 슬픈 시네요.

어머니 뭐가 슬프게 느껴지니?

정 민 할머니가 아프셔요. 몸보다 정신이 더 아프신 것 같아요.

어머니 할머니가 아프시다고 직접 말하고 있지 않지?

정 민 네. 살구꽃이 할머니처럼 아프다고 말해요. 할머니의 모습을 살구꽃 지는 것에 빗대어 표현했어요.

어머니 할머니가 이러이러하다고 표현하는 것과, 이 시처럼 할머니의 모습을 살구꽃에 빗대어 표현하는 것과는 어떤 차이가 있을까?

정 민 할머니의 모습을 살구꽃에 빗대어 표현하면 살구 꽃잎이 떨어지는 모습과 할머니의 모습을 같이 떠올리며 시를 감상할 수 있어요. 심상이 뚜렷해서 더 아름답게 느낄 수 있어요.

어머니 옳지. 그거란다. 시는 직접 설명하는 게 아니고 독자들이 머릿속에서 생생하게 상상하며 보는 듯 느끼도록 표현하는 거…

정 민 네. 무슨 얘기인지 알겠어요.

어머니 시의 화자는 누구지?

정 민 아이요. 할머니의 손자요.

어머니 이 손자는 어떤 마음을 가진 아이일까?

정 민 할머니가 아파서 걱정하는 아이예요. 따뜻한 마음을 가진 아이일 것 같아요.

어머니 시인이 표현하려고 한 것은 뭘까?

정 민 아픈 할머니를 걱정하는 아이의 마음이 아닐까요?

어머니 그래. 그게 주제인 것 같구나.

그럼 이 시에 들어 있는 이야기를 상상해서 산문으로 써 볼까?

정 민 네. 좋아요.

(쓴다.)

어머니 훌륭하게 잘 썼구나, 우리 정민이.

정 민 감사합니다. 헤헤…

다음에서 보듯이 시에 대한 몇 번의 독서대화로 아이가 시를 이해하는 힘이 길러졌음을 알 수 있다.

<산문으로 바꿔 쓰기> 6학년 김지우

살구꽃 지는 날

할머니가 쓰러지셨다길래 나는 놀다가 말고 바로 집으로 달려갔다.

"할머니!" 할머니를 부르며 집 안을 달려 들어갔지만 할머니는 누워 계셨고 대답을 하지 않으셨다. "엄마! 엄마! 이게 무슨 일이야? 할머니가 아프셔?" 엄마는 대답 없이 조용히 할머니를 바라볼 뿐이었다.

조금 뒤에 아빠도 들어오셨다. 아빠의 다급함이 여기까지 느껴지는 것 같았다. 엄마는 할머니가 쉬실 수 있게 방으로 들어가자고 하고선 아빠와 방으로 들어갔다. 하지만 난 할머니 옆에 계속 있겠다고 졸라서 거실엔 나와 할머니밖에 남지 않게 되었다.

힘없고 생기 없는 할머니의 모습이 너무 불쌍해 보였다. 평소에도 자주 쓰러지셨는데 오늘은 할머니가 더 아파보였다. 왠지 할머니의 모습이 마지막일 것 같아서 조금 눈물이 났다.

누가 볼까봐 눈물을 닦고 있었는데 밖에 있는 살구나무에서 살구꽃이 떨어지는 게 보였다. 조금씩 떨어져 내리는 살구꽃들이 할머니의 머리카락이 한 올 한 올 빠져 나가는 것 같았다.

할머니는 머리카락이 떨어져도 빗을 어디에 두었는지 자주 잊어 먹으셔서 머리를 빗지도 않으셨다. 살구나무에서 꽃이 떨어지는 모습이 왠지 처량해 보였다. 할머니도 그래 보였다.

'이럴 줄 알았으면 할머니께 좀 더 잘해드릴 걸…' 살구나무를 보니 자꾸 할머니의 예전 모습이 생각나서 울음이 나왔다. 예전엔 몰랐지만 요즘 들어 알게 되었다. 우리가 할머니와 같이 있을 날이 얼마 안 남았다는 것을.

5

해바라기 씨

- 정지용

해바라기 씨

해바라기 씨를 심자
담 모롱이 참새 눈 숨기고
해바라기 씨를 심자.

누나가 손으로 다지고 나면
바둑이가 앞발로 다지고
괭이가 꼬리로 다진다.

우리가 눈 감고 한 밤 자고 나면
이슬이 나려와 같이 자고 가고,
우리가 이웃에 간 동안에

햇빛이 입 맞추고 가고,

해바라기는 첫 시약씨인데
사흘이 지나도 부끄러워
고개를 아니 든다.

가만히 엿보러 왔다가
소리를 깩! 지르고 간 놈이—
오오, 사철나무 잎에 숨은
청개고리 고놈이다.

아이들이 꽃씨를 심는다. 해바라기 꽃씨를 심고 가꾸는 일에 강아지, 고양이가 함께 거든다. 이들만이 아니다. 밤에는 이슬이, 낮에는 햇빛이 번갈아가며 돌본다. 알고 보니 청개구리도 아이들이 심은 꽃씨에서 싹이 나기를 틈틈이 엿보며 기다리고 있었다.

이 시에 등장하는 사물들은 사람처럼 묘사되어 읽는 이들 모두 이것들에게 친근감을 느끼게 한다.

꽃씨를 소중하게 심고 기르는 아이들의 마음과 그것을 지켜주는 모든 것들을 아름답게 표현한 작품이다. 여러 심상이 들어 있는 것을 충분히 음미하며 감상하는 것이 좋겠다.

독서대화

정　민 엄마, 이 시 같이 읽어 봐요. 마음에 들어요.

어머니 '해바라기 씨'… 재미있을 것 같다.

정　민

해바라기 씨//

해바라기/ 씨를/ 심자//
담 모롱이/ 참새 눈/ 숨기고//
해바라기/ 씨를 심자//
누나가/ 손으로/ 다지고 나면//
바둑이가/ 앞발로/ 다지고//

팽이가/ 꼬리로/ 다진다//

우리가/ 눈 감고/ 한 밤 자고/ 나면//
이슬이/ 나려와/ 같이 자고/ 가고,//

우리가/ 이웃에/ 간 동안에//
햇빛이/ 입 맞추고/ 가고,//

해바라기는/ 첫/ 시약씨인데//
사흘이/ 지나도/ 부끄러워/
고개를/ 아니/ 든다.//

가만히/ 엿보러/ 왔다가//
소리를/ 꽥!/ 지르고 간/ 놈이—//
오오,/ 사철나무/ 잎에 숨은/
청개고리/ 고놈이다.//

정 민 참 재미있는 시예요.

어머니 그렇구나.
"담 모롱이 참새 눈 숨기고"가 무슨 말일까?

정 민 참새가 보면 나중에 해바라기 씨를 파 먹을까봐 보이지 않는 데서 심는다는 말이에요. 아이들이 참새 눈을 피해

씨를 심는 모습이 보이는 듯해요. 참 귀여운 표현이에요.

어머니 그래. 귀엽구나. 시의 화자가 누구니?

정 민 남자 아이요. 누나가 있는 걸 보니.

어머니 그렇구나. 그런데 해바라기 씨를 혼자 심고 있니?

정 민 아니요. 시의 화자와 누나, 바둑이도 있고 괭이도 있어요. 그러니까 주인공 남자 아이와 누나가 땅에 해바라기 씨를 심고 다지는데, 강아지와 고양이도 함께 거드는 모습이 눈에 보이는 것 같아요. 그래서 재미있어요.

어머니 그런데 해바라기 씨를 심어 놓으면 저절로 싹이 나는 게 아닌 것 같지?

정 민 네. 맞아요. 이슬도 내리고 햇빛도 비춰요.

어머니 그것을 예쁘게 표현했지?

정 민 이슬이 내려와 같이 자고 간다고 했어요. 밤에 이슬이 내려 씨앗에 물을 주는 거죠.

어머니 햇빛은?

정 민 낮에는 햇빛이 입맞추고 간다고 했어요. 이건 햇빛이 따뜻하게 내리쬐어 싹이 날 수 있게 해 준다는 뜻이지요.

어머니 이슬이나 햇빛을 사람처럼 표현하고 있지? 그런 표현 방법을 가리키는 말이 있는데…

정 민 뭐예요? 가르쳐 주세요.

어머니 의인법이라고 한단다. 사람이 아닌 것을 사람처럼 표현하는 방법이야. 좀 어려운 말이지?

정　민　의인법, 알았어요.

그 아래에도 의인법이 쓰인 데가 또 있어요.

어머니　그래 어디지?

정　민　"해바라기는 첫 시약시인데/ 사흘이 지나도 부끄러워/ 고개를 아니 든다" 이 부분이요. 해바라기를 새색시라고 하고 부끄러워서 고개를 들지 않는다고 사람처럼 표현했어요.

어머니　새색시처럼 부끄러워 고개를 들지 않는다는 건 무슨 뜻일까?

정　민　싹이 쉽게 쏙 솟아나지 않는다는 말 같아요.

어머니　그런 것 같구나.

의인법이 쓰인 부분이 또 있을 텐데?

정　민　네. 청개구리가 가만히 엿보러 왔다가 숨었다는 표현도 의인법이 쓰인 것이 맞죠?

어머니　그렇구나. 그러고 보니 시에 등장하는 모든 것들을 다 사람인 것처럼 표현했네. 왜 이렇게 했을까? 이렇게 하면 어떤 효과가 있을까?

정　민　그냥 이슬이 내리고 햇빛이 쬐고 밋밋하게 하면 재미가 없을 것 같아요. 모두 사람처럼 만들어서 함께 씨를 심기도 하고 키우기도 하고 함께 기다리는 모습을 상상하면서 읽을 수 있어서 재미있고 친근하게 느껴져서 좋아요. 저절로 웃음이 지어져요.

어머니　그렇구나. 우리 정민이가 제법 시 감상을 잘하네.

그러면 이 시가 읽는 이들에게 전달하려고 하는 것은 뭘까?

정 민 '꽃씨를 심고 싹이 나기를 기다리는 아이의 마음'이 아닐까요?

어머니 좋아!

정 민 하하… 감상문 쓰겠습니다.

<감상문1> 5학년 김미래

해바라기 씨

오늘은 정지용 시인의 '해바라기 씨'라는 시를 읽었다. 주인공인 어린 아이와 누나, 강아지, 고양이, 이슬, 햇빛, 청개구리 모두 모여서 씨를 심고 돌보는 모습을 눈으로 보는 듯했다.

이 시 속의 해바라기는 외롭지 않게 싹을 틔웠을 것이고 해바라기에게 관심을 쏟은 아이들과 동물들을 기쁘게 해 주었을 것이다. "가만히 엿보러 왔다가 소리를 깩! 지르고 간 놈이 오오, 사철나무 잎에 숨은 청개고리 고놈이다."라는 부분이 특히 재미있었다. 나도 집 베란다에 해바라기 씨를 한 개 심었는데 싹이 돋아나는지 잘 지켜봐야겠다. 해바라기가 잘 자랐으면 좋겠다.

〈감상문2〉 5학년 민소연

해바라기 씨

정지용이라는 시인이 쓴 '해바라기 씨'를 읽었다. 이 시의 화자는 아마도 아이인 것 같다. 이 시는 아이들이 강아지와 고양이와 함께 참새를 피해 해바라기 씨를 심고 열심히 돌보는 모습을 시로 표현한 것이다.

이 시에서 가장 재미있는 부분은 여섯 번째 연이다. 여기에서 청개구리도 해바라기 싹이 나기를 기다렸다는 것을 알 수 있는데, "가만히 엿보러 왔다가 소리를 깩! 지르고 간 놈이 오오, 사철나무 잎에 숨은 청개고리 고놈이다."라는 표현이 마음에 들었고 가장 재미있다. 청개구리가 정말로 소리를 꽥 지르는 것을 상상할 수 있어서 살짝 웃음이 났다. "고놈이다"라는 표현도 재미있다.

사람이 아닌 것을 사람처럼 표현한 부분이 있는데, "이슬이 나려와 같이 자고 간다." "햇빛이 입맞추고 간다." "해바라기가 고개를 아니 든다." "청개구리가 엿보러 왔다" 등이다. 이런 것들을 사람처럼 표현해서 시가 더 친근하게 느껴지고 재미있다. 앞으로도 시를 더 읽고 싶다.

초정리 편지

초정리 편지 / 배유안

초정리 편지

배유안

'초정리 편지'는 소설이다. 조선시대 세종대왕이 훈민정음을 창제한 직후의 사회를 배경으로 하고 있다. 한자를 읽고 쓸 줄 아는 일부 양반들과는 달리 대부분의 백성들은 글자를 모르는 문맹 상태이므로 그로 인한 차별과 불이익을 당하기 일쑤였다.

문자의 힘을 독점하는 특권을 유지하려는 양반들의 반대를 무릅쓰고 백성들을 위한 우리 글자를 만들고자 했던 세종대왕의 어진 뜻과, 그렇게 해서 만든 새 글자 훈민정음이 얼마나 배우기 쉽고 쓰기 편리하고 유익한 글자인지를 일깨워주는 이야기이다.

동화 소설이므로 초등학생들도 쉽게 읽을 수 있으며, 독서대화를 통해 우리글인 한글의 우수함과 소중함을 깨닫게 하기에 적합한 책이다.

책 속의 보물

1. '초정리 편지'에 담긴 뜻 - 백성을 위한 우리 글자

2. 소설은 역사와 다르다.

3. 우리 글자의 옛 모습 - 말도 글자도 변한다.

4. 사회상 - 소설 속 인물들이 살아가는 사회의 모습

5. 인물들의 특징

6. 작가가 전하고 싶은 말 - 주제

7. 소설의 재미 - 긴장 요소

1

초정리 편지

- 배유안

줄거리

장운은 열두 살이다. 작년에 어머니가 병을 앓다 돌아가시고, 아버지는 석수 일을 하다가 허리를 다쳐 누워 계신다. 노비 출신인 아버지가 논을 샀지만 글자를 알지 못해 다른 사람에게 빼앗겨 버렸다. 가난한 살림 속에서 누나와 함께 서로 의지하며 살고 있는 장운은 산에서 나무를 해다 팔며 근근이 끼니를 때우곤 한다.

어느 날 나무하러 갔다가 곱게 한복을 입은, 눈이 빨간 할아버지를 만났는데 약수를 떠다 드리자 쌀을 주시고 처음 보는 글자를 가르쳐 주셨다. 그 글자는 익히기 쉬워 금방 배워서 누나와 이웃들에게도 가르쳐 주어 편지를 주고받을 수 있게 되었으며 기억해야 할 것들을 적어 놓을 수도 있어 참 편리했다.

몇 년 후 석수가 된 장운이 한양에 있는 사찰 공사에 참여했다가, 임금님을 만나는데, 그분이 지난날 그의 어려운 형편을 헤아려 주셨던, 인자하고 고민 많던 그 할아버지라는 것을 알고 무척 감격스러워한다.

앞에서 다룬 글들보다 긴 이야기가 들어 있는 소설이다. 이것도 마찬가지로 읽은 다음에는 이야기의 줄거리를 말해 보게 하는데, 소설 속의 이야기를 자세하게 말하지 않게 하고 핵심 줄거리만을 짧게 요약하여 말하게 한다.

긴 글을 짧게 요약하기 위해서는 먼저 작가가 말하고자 하는 것이 무엇인지 파악해야 한다. 다시 말하면 소설 속에서 벌어지는 많은 사건들 가운데 글의 주제를 드러내기 위한 주요 사건 위주로 짧게 요약해야 한다는 말이다. 요약하여 말할 때 아이가 비로소 깨닫는 것이 생기기도 하고, 머릿속에서 복잡했던 것이 정리되기도 하므로, 이 단계가 중요하다.

긴 이야기를 요약하는 것이 처음에는 쉽지 않을 수도 있다. 아이가 내용을 요약하여 말할 때 어려워하면 멘토가 질문을 하면서 아이가 이야기의 주된 흐름을 찾을 수 있게 도와준다. 말로 요약하기가 가능해지면 글로 옮기는 것은 어렵지 않다.

'초정리 편지'에 대한 독서대화는 장운에게 얽힌 이야기 전개보다는, 한글을 사용하게 됨으로써 백성들의 삶이 어떻게 달라지고 그들의 꿈이 어떻게 실현될 수 있었는가, 그리고 그것을 위해 애쓰신 세종대왕의 위대함에 초점을 맞추는 것이 바람직하겠다.

독서대화

정 민 엄마, 학교 도서관 선생님이 이 책 권해주셔서 빌려왔어요.

어머니 '초정리 편지'구나. 너 먼저 읽으렴. 너 읽고 나서 생각 정리할 동안 엄마가 읽으면 되겠다.

정 민 네. 좋아요.

(아이 스스로 책을 가져와 독서대화하기를 청한다. 어머니와 함께 책을 읽고 대화하는 즐거움을 맛보면서 점점 더 독서에 흥미를 가지게 되었음을 볼 수 있다.)

어머니 정민아, 이 책 재미있게 읽었니?

정 민 네. 참 재미있고 감동적이었어요.

어머니 엄마도 감동적으로 읽었다. 무슨 이야기인지 말해 볼래?

정 민 장운이라는 아이가 약수터에 물 길으러 갔다가 어떤 할아버지한테서 처음 보는 글자를 배웠는데 그 글자를 쉽게 익혀서 글을 읽고 쓸 수 있게 되었고 주변 사람들에게도 알려 주었어요. 또 종으로 팔려간 누나와도 편지를 주고받으며 소식을 전할 수 있었고, 석수 일을 배울 때 중요한 것을 쉽게 기록할 수도 있었어요. 석수가 되어 한양에 갔다가 임금님을 만났는데 알고 보니 그 분이 예전에 글자를 가르쳐 주셨던 그 할아버지였어요.

어머니 좋아. 내용을 잘 이해했구나.

제목이 '초정리 편지'인데, 초정리 편지가 무슨 뜻일까?

정 민 장운이 사는 동네가 초정리인데… 장운이랑 세종대왕이 주고받은 편지 아닐까요? 두 사람이 초정리에서 훈민정음으로 주고받은 편지라는 뜻인 거 같아요.

어머니 장운이랑 세종대왕이 초정리에서 주고받은 편지가 중요하기 때문에 제목으로 붙였다는 말이구나. 그 편지가 왜 중요할까?

정 민 장운이가 세종대왕한테서 처음 배운 글자로 편지를 쓴 거잖아요. 장운이가 글자를 알게 되었다는 게 아주 중요한 일이에요.

어머니 글자를 아는 게 왜 그렇게 중요했지?

정 민 그때까지 장운이네 식구들이 글자를 전혀 몰랐잖아요. 그런데 할아버지한테 금방 배워서 우리말을 그대로 적을 수 있어서 좋았고요. 종살이 간 누나랑 편지 주고받아서 걱정이 줄었고, 석수 일을 할 때 배운 것을 꼼꼼히 적어 놓고 공부할 수 있었잖아요. 그 전엔 글자를 전혀 몰라서 억울하고 답답하게 살았는데 글자를 알고 쓸 수 있게 된 건 정말 중요한 일이에요.

어머니 그래. 글자를 쓰게 되었다는 건 이전보다 훨씬 나은 삶을 살게 되었다는 말이지. 그런데 그 시대에 장운이네 식구만 글자를 몰랐었을까?

정 민 아니요. 백성들이 다 글자를 몰랐겠죠. 세종대왕이 한글을 만드시기 전까지는.

어머니 그렇단다. 양반들은 한자를 쓰고 살았는데, 백성들은 대부분 글자를 읽고 쓸 줄 몰랐다고 한다. 너 글을 읽을 줄 모르는 사람을 뭐라고 하는지 아니?

정 민 무식한 사람?

어머니 하하, 무식한 사람이 아니라, 문맹이라고 한단다. '문맹'의 뜻을 찾아볼까?

정 민 네. "문맹-배우지 못해서 글을 읽거나 쓸 줄을 모름. 또는 그런 사람"이에요. 알겠어요.

어머니 한글이 만들어지기 전까지는 백성들이 모두 문맹이었지. 그것을 안타깝게 여기신 세종대왕이 백성들을 위해서 한글을 만드신 거야. 지금은 우리나라 문맹 인구가 세계에서 가장 적다고 해.

정 민 그렇구나. 세종대왕님이 백성들이 쓸 수 있게 새 글자를 만든 덕분인 거죠? 아, 세종대왕님은 참 위대해요.

어머니 그래. 세종대왕님은 정말 큰 일을 해내신 분이시지.
세종대왕이 처음에 글자를 만드셨을 때는 지금과는 좀 다른 모습이었단다.

정 민 아, 맞아요. 편지에 쓰인 글자가 아주 이상했어요. 여기하고 여기요. (책장을 펼친다.) 이 글자들을 어떻게 읽어요?

어머니 "할아바님 장우니 기ᄃᆞ리로소이다"
"어제는 듕ᄒᆞᆫ 이리 이셔셔 몯 오거다"
지금과 소리가 비슷하면서도 조금 다르지?

정 민 네. 지금과 조금 다르지만 읽어 주시니까 거의 알아듣겠어요. 우리말이 조선시대와는 소리도 달라졌고 글자도 달라진 거네요?

어머니 그렇단다. 오랜 세월이 흐르면서 말과 글자가 점차 변해서 오늘날과 같이 된 거란다. 너도 고등학생이 되면 옛 글자들을 배울 거야.

정 민 정말요? 아, 기대돼요.

어머니 그런데 초정리라는 마을이 어디 있는 줄 아니?

정 민 초정리라는 마을이 진짜 있어요?

어머니 그럼. 엄마가 찾아 봤지. 충청북도 청주시 청원구 내수읍 초정리. 그 초정리에 있는 약수가 옛날부터 유명했대. 역사책에 세종대왕님이 눈병 치료하시느라 그 초정리 약수터에 가셨었다는 기록이 있단다.

정 민 아, 그렇구나. 그래서 임금님이랑 장운이랑 만나게 된 거구나. 그럼 장운이 만나는 것도 역사에 적혀 있을까요?

어머니 '초정리 편지'가 역사책일까?

정 민 아니요. 소설이에요.

어머니 소설이 뭔지 아니?

정 민 꾸며낸 이야기요.

어머니 그래. 역사에 있는 일을 바탕으로 해서 이야기를 만들어 낸 소설들도 꽤 있단다. '초정리 편지'에 들어 있는 역사 내용이 또 뭐가 있을까?

정　민　그야 세종대왕님이 한글 만드신 거요. 그리고 신하들이 그걸 반대한 거…

어머니　옳지. 그럼 역사와 소설의 차이가 뭔지 알겠니?

정　민　역사는 실제 일어난 일이고, 소설은 역사에 있는 일을 소재로 썼어도 어디까지나 작가가 꾸며낸 이야기예요. 맞죠?

어머니　정답! 그렇다면 장운이가 역사에 나오는 사람일까?

정　민　아닌 것 같아요. 헤헤… 장운이에 관한 건 작가가 다 꾸며낸 이야기예요.

어머니　그래. 장운이는 어떤 아이니?

정　민　엄마가 없어요. 무척 가난한데 아버지는 허리를 다쳐서 방 안에 누워만 계시고… 나랑 똑 같이 열두 살인데 나무도 하러 다니고 남의 집에 물도 길어다 주고 힘들게 살아요. 누나가 종살이 가서 슬퍼했는데 글자로 편지를 주고받아서 다행이었어요. 아 참, 토끼 눈 할아버지를 만나서 글자를 배우고 서로 편지 주고받고 누나와 친구들, 석수들한테도 가르쳐 주고, 석수일 배운 것을 잘 적어 놓고 공부하고, 석공이 되어서 궁궐에 갔다가 글자 써 놓은 것 때문에 세종대왕을 만나요. 이 부분이 정말 기뻤어요.

어머니　세종대왕은 어떤 분이시니?

정　민　백성들을 사랑하고 신분을 차별하지 않는 분이에요.

어머니　그걸 어떻게 아니?

정　민　글자를 모르는 백성들을 불쌍히 여겨서 훈민정음을 만드셨잖아요. 그리고 장운이에게 글자를 친절하게 가르쳐 주고, 장운이네가 가난한 걸 알고 쌀도 주시고 무척 인자하게 대해 주셨어요.

어머니　그렇구나. 계속해 보렴.

정　민　세종대왕님은 고민이 산처럼 물처럼 많다고 하셨어요. 새 글자 쓰는 걸 신하들이 반대해서 그런가? 그래도 주장을 굽히지 않고 새 글자를 쓰게 하셨어요. 음, 그리고 눈이 빨개요. 눈병이 나셔서 괴로우셨을 거 같아요. 훈민정음 만드느라 힘드셔서 눈병까지 생기신 게 아닐까요?

어머니　그럴지도 모르겠구나. 그럼 이게 어느 시대 이야기니?

정　민　조선시대지요. 세종대왕님이 나오니깐.

어머니　그때는 어떤 사회였을까?

정　민　이 책에 보면 신분 차이가 있었어요. 백성들이 아주 가난했고, 글자를 몰라 아주 답답하게 살았을 거예요. 장운이 아버지처럼 글자를 몰라서 손해 보는 일도 많았을 거고요.

어머니　그래. 신분 낮은 사람들은 더 가난하고 더 힘들게 살았을 거야.

그런데 정민아, 책 읽는 동안 마음 졸이지 않았어?

정　민　맞아요. 재미있으면서도 무척 긴장되고 마음 졸였어요. 누나가 언제 돌아올까, 장운이가 그 할아버지를 다시 만날 수 있을까, 상수가 장운이를 얼마나 괴롭힐까, 확이 망가져서 이제 장운이는 어떻게 하나, 등등이요.

어머니 그런 게 소설 읽는 재미이기도 해. 긴장감 때문에 책을 놓고 싶지 않게 하는 묘미가 있지.

정 민 네. 동화책 읽을 때도 그런 게 있었어요. 그래서 더 재미있어요.

어머니 작가가 이야기를 통해서 사람들에게 하고 싶은 말이 무엇일까? 무슨 말을 하고 싶어서 이 이야기를 만들어냈을까?

정 민 장운이가…

어머니 장운이가 석수가 되었다고? (웃음)

정 민 헤헤… 그건 아닌 것 같네요. 장운이가 금방 배워서 쓸 수 있었던 것처럼 백성들이 쉽게 배우고 편리하게 쓸 수 있는 글자를 세종대왕이 만들었다는 그런 얘긴데……

어머니 자, 그럼 정리를 해 보자. 장운이가 중요한 건 아니지?

정 민 맞아요. 한글과 세종대왕님이 중요해요. 그러면 '한글이 좋은 글자라는 것과 세종대왕님이 백성을 사랑하였다'는 이야기를 하고 싶었던 거네요.

어머니 옳지. 그게 바로 작가가 하고 싶은 말인 것 같구나. 좀 더 다듬어 볼까?

정 민 "세종대왕이 백성을 사랑하여 만든 한글이 매우 훌륭한 글자다."

어머니 우와! 잘했어.

정　민　한글이 쉽고도 좋은 글자이고 세종대왕님이 왜 한글을 만들었는지 딱딱하게 설명하지 않고 이렇게 재미있는 이야기로 만들어 내다니 작가가 정말 대단한 것 같아요.

어머니　그래. 정민아, 이 책을 읽으면서 생각하고 느낀 게 많지? 그걸 글로 한번 써 볼래?

정　민　그럴게요. 저도 하고 싶은 이야기가 많이 생겼어요.

<감상문1> 6학년 이유리

'초정리 편지'를 읽고

배유안 작가의 초정리 편지를 읽었다. 처음엔 한글에 대한 딱딱한 글인 줄 알았는데 막상 읽어보니 감동과 긴장의 끈을 놓을 수가 없었다.

초정리에 사는 장운이가 약수터에 갔다가 토끼처럼 눈이 빨간 할아버지를 만난다. 점잖고 인자하게 생기신 할아버지는 장운에게 이것저것 물으시더니 장운이가 가난한 것을 알고는 쌀을 선물로 주신다고 약속하시며 처음 보는 글자를 가르쳐 주셨다. 할아버지가 가르쳐 주신 글자는 익히기가 쉬웠다. 이때 나는 이 할아버지가 세종대왕이 아닐까 하는 생각이 들어 장운이는 이제부터 한글을 널리 퍼뜨려 멋진 일에 쓰일 수 있을 거라는 느낌이 들었다.

내 예상대로 장운이는 토끼눈 할아버지가 떠난 뒤에도 한글을 잊지 않고 친구들에게 알려 주었다. 글자가 쉬워서 친구들도 금방 익혀 쓸 수 있게 됐다. 나는 친구들에게 글자를 가르쳐 주는 장운이의 모습이 눈앞에 생생히 보이는 것 같아 장운이 기특하고 진짜로 한글이 이렇게 조금씩 전파되었겠구나 하는 생각이 들었다.

가장 화가 나고 슬프고 쓸쓸했던 때는 장운의 누나가 다른 집에 팔려갔을 때다. 하지만 조금 지나 누나에게도 알려 준 한글로 편지를 주고받고 서로의 사정을 알게 되었을 때 나는 한글이 이렇게 편리하게 사용되었구나 하는 기쁨과, 또 세종대왕이 만드신 위대한 한글을 다시 생각하게 되었다. 또 장운이와 누나가 걱정이 줄어든 것 같아서 좋았다.

장운이가 한양에 가서 연꽃 모양 확을 만들었는데 그 확이 깨졌을 때 나는 몹시 화가 났다. 왜냐하면 장운이가 정말 열심히 만든 건데 누가 깨 놓은 거 같았기 때문이다. 하지만 세종대왕께서 깨진 확이 물길이 되겠다고 말해 주셔서 그 깨진 확이 물이 흘러들었다가 나가는 멋진 확이 되었을 때는 참 기뻤고 장운이가 복 받은 아이라는 생각이 들었다.

왕의 모습으로 행차하신 세종대왕께 장운이 예전부터 간직해 놓았던 편지를 보여 줄 때 정말 감동 받았다. 왜냐하면 장운이가 그 할아버지를 지금까지 계속 생각하고 있었다는 사실이 기특했기 때문이다. 한글을 알려 주어 장운이의 삶에 큰 도움을 준 세종대왕이 정말 좋은 분이라는 생각이 들었다.

역사와 재미가 함께 담겨 있는 이 책은 한글의 위대함과 소중함을 느끼게 해 주었다. 세종대왕에 대해 많이 알고 싶어서 그 분에 대한 책을 더 읽어야겠다.

〈감상문3〉 6학년 이한솔

장운이의 편지 이야기

배유안 작가의 초정리 편지를 보니 옛날 책처럼 생겨 글만 많고 지루할 줄 알았는데 그와 반대로 흥미진진한 이야기였다. 그래서 나는 주인공 장운이가 되어 말해 보려고 한다.

안녕, 나는 초정리에서 태어난 장운이야. 나는 석수인 우리 아버지를 닮아 돌 깎는 것을 좋아하고 누나와 아주 친해. 집이 가난해서 나무를 하며 살아가고 있어. 나는 엄마를 살리지 못한 약집 할아버지를 미워해.

나무를 하던 어느 날 정자에서 토끼눈 할아버지를 만났어. 그 할아버지가 글자를 가르쳐 주셨어. 그 글자들은 가끔 동네 벽에 붙어 있던 한자처럼 복잡하게 생기지도 않고 익히기도 아주 쉬웠어. 토끼눈 할아버지의 부탁으로 누나와 친구들에게 그 글자를 가르쳐 주었어. 누나도 친구들도 금방 글자를 익혀서 편지를 쓸 정도가 되었어.

어느 날 누나가 빚을 갚기 위해 종살이를 갔어. 나는 누나와 글자로 편지를 주고받으며 외로움과 궁금함을 달랠 수 있었어. 난 정말 누나가 보고 싶었어.

과연 내가 누나를 다시 볼 수 있을까? 오랜 걱정과 결심 끝에 누나를 만날 수 있었어.

나는 석수쟁이가 되어 궁중에 가서 어른들을 도왔어. 그런데 나도 연꽃 확을 깎고 싶었어. 그래서 최고 어른을 조르고 졸라 마침내 돌을 깎을 기회를 얻었어. 확을 다 깎아 가는데 아침에 일어나 보니 그 확 귀퉁이가 깨져 있는 거야. 의심 가는 사람이 있었지. 나랑 사이가 별로 좋지 않은 상수 말이야. 그런데 꼭 집어서 말할 수는 없었어. 그럴 용기가 없기도 했고...

확을 어떻게 완성해야 할 지 몰랐어. 그런 나에게 방법을 알려 준 사람이 있었어. 그 분이 바로 토끼눈 할아버지라고 알고 있던 세종대왕이셨지. 그래서 난 깨진 곳을 물길로 만들어 확을 완성할 수 있었어.

그때 나에게 글을 알려준 할아버지가 바로 세종대왕이셨어. 나는 그 사실을 알고 진짜 깜짝 놀랐어. 내가 알고 있는 글자가 훈민정음이라는 것을 알고, 토끼눈 할아버지가 임금님과 가까운 분일 거라 생각했는데, 그분이 바로 임금님이실 줄이야. 난 빨리 집에 돌아가서 누나와 아버지를 만나고 임금님의 뜻을 따라 한글을 널리 알리고 싶어. 이렇게 쉽고도 편리한 우리 글자를 말이야.

<감상문2> 6학년 박도진

초정리 편지

나는 초정리 편지라는 제목을 보고 멀리서 온 내 친구의 편지가 생각났다. 그 편지를 받고 무척 좋아했던 기억이 있다. 이 책은 초정리에서 온 편지를 받은 주인공이 편지를 보낸 사람을 도와주는 내용일 것 같았다. 막상 읽어보니 전혀 다른 내용이며 더 흥미진진했다.

글을 알 수 없고 배우지 못하며 일만 하는 장운이와 백성들이 불쌍했다. 세종대왕이신 토끼눈 할아버지에게 배운 글을 널리 알려 달라는 부탁을 받고 주변사람에게 알려 주는 장운이가 고맙게 느껴졌다. 한글로 편지를 주고받으며 소식을 접한 장운이와, 다른 집으로 팔려간 누나의 형제애가 아름답게 느껴졌다. 또 장운이의 신분을 무시하는 상수를 보며 신분 차별이 억울하고 속상한 것이라는 것을 다시 느꼈다.

한글을 반대하는 양반들을 뒤로하고 한글을 반포한 세종대왕이 지혜롭다고 느꼈다. 한글을 만드신 대왕님께 감사하다. 한글이 있어 다행이다. 지금도 우리가 한자를 쓰고 살아야 한다면 얼마나 힘들까? 세종대왕이 정말 위대한 분이시라는 것을 이 책으로 다시 느꼈다.

요즘 많은 사람들이 한글을 줄이거나 바꾸어 써서 마음이 아프다. 사람들이 한글의 우수성을 알게 되어서 한글을 바르게 썼으면 좋겠다. 한글을 바로 사용하는 것을 나부터 실천해야 한다고 생각했다.

한글을 만드신 세종대왕께 감사하고 우리말 우리글을 사랑해야겠다.

소설이 가져다주는 감동과 기쁨, 그리고 발전적인 생각들을 아이들이 쓴 글에서 확인할 수 있다. 이러한 독서의 효과를 높여 주는 것이 독서대화이다.

소설 속 등장인물이 되어 글을 쓰는 것은 작품을 감상하는 또 다른 방법이다.

마음을 열어주는 101가지 이야기

마음을 열어주는 101가지 이야기

잭 캔필드

'마음을 열어주는 101가지 이야기'에 수록된 이야기들은 이 책의 저자들이 직접 겪거나 들은 내용을 옮겨 놓은 것이다. 사람들이 겪은 저마다의 이야기들을 담백한 문체로 전하고 있는데, 이야기마다 깊은 감동과 심미적 체험을 안겨 준다.

하나하나의 이야기들은 우리가 미처 생각지 못했거나 잊고 있던, 소중한 것들을 깨닫게 해 준다. 이야기들이 더 감동을 주는 이유는, 필자가 직접 설명하지 않고 독자 스스로 이야기 속에 들어 있는 소중한 것들을 발견하도록 암시해 놓았다는 점이다.

아이들이 이야기가 전하는 소중한 보물을 스스로 찾아내어 말과 글로 표현하게 하는 것이 좋겠다.

여기서는 이 책의 백한 가지 이야기 가운데 '서커스', '한스가 구조한 사람', '이백 번째의 포옹', '니키', '앤디의 순교' 등 다섯 이야기에 대한 독서대화를 실었다.

책 속의 보물

1. 서술자가 전하려는 생각이 무엇인가?
   - 글을 자신의 언어로 요약하여 재구성하기
2. 실제 이야기가 주는 감동
3. 이 사람은 어떤 사람인가?
4. 본받고 싶은 사람은 누구이고 그 이유는 무엇인가?
   - 나에 대한 성찰

'마음을 열어주는 101가지 이야기'는 수필 형태로 쓰인 이야기들이다. 사람들이 겪은 실제의 이야기는 소설을 읽을 때와는 또 다른 감동을 가져다준다.

이야기 속의 서술자는 이야기를 담담하게 전달할 뿐, 그것에 대한 해설을 생략한 것이 특징이다. 독서대화로 아이와 함께 이야기가 전하려는 의미를 캐내는 즐거움을 맛보자. 실제 이야기에 독서 멘토와 아이의 생각을 비추어보며 나누는 대화는 의미 있는 일이 될 것이다.

1

서커스

줄거리

나와 아버지는 서커스를 보기 위해 줄을 섰는데, 바로 앞에 많은 아이들을 데리고 온 아버지가 돈이 부족해 쩔쩔매는 것을 보았다. 그것을 본 나의 아버지가 주머니에서 돈을 꺼내 바닥에 떨어뜨리고는 앞에 서 있던 아버지에게 당신 호주머니에서 돈이 떨어졌다고 하였다. 그러자 그 가족의 아버지는 고마워하며 아이들과 극장 안으로 들어갔다. 돈이 없는 우리는 서커스를 보지 못하고 집으로 돌아와야 했다.

어머니 정민아, 오늘부터는 이 책을 읽어 보자. '마음을 열어주는 백한 가지 이야기'라는 책이야. 이야기가 백한 개 들어 있다는 거지.

정 민 백한 개나 들어 있다고요? 대단하네요. 마음을 열어준다는 것이 마음에 들어요. 기대돼요.

어머니 이 이야기들이 다 실제 이야기란다.

정 민 아, 실제로 일어났던 이야기군요.

어머니 하나씩 읽어 볼까? 첫 번째 '서커스' 읽어 보자.

정 민 네.

(읽고 나서)

어머니 정민아, 너 서커스 본 적 있지?

정 민 네. TV에서 본 적이 있어요.

어머니 서커스를 실제로 본다면 참 흥미진진하겠지?

정 민 네. 공중에서 줄타기도 하고 공중돌기도 하고, 아찔하면서도 신기해요. 한번 보고 싶어요.

어머니 여기 이야기에도 아이들이 서커스 보게 돼서 무척 신나는 것 같지? 이 이야기의 내용을 간단히 소개해 볼래?

정 민 이 글은 어떤 아버지가 다른 아이들의 아버지를 도와주는 내용입니다.

어머니 좀 더 설명해 보렴.

정 민 앞에 선 사람들이 돈이 모자란 것을 알고는 글쓴이의 아버지가 그 사람들에게 돈을 주어 서커스를 볼 수 있게 해주었어요.

어머니 글쓴이의 아버지는 돈이 많은 사람이었니?

정 민 아니에요. 그 사람들 도와주느라 글쓴이와 아버지는 서커스 못 보고 그냥 돌아온 걸 보면 이 아버지도 넉넉한 형편은 아니었어요.

어머니 그런데 이 아버지가 왜 그 저쪽 아버지에게 돈을 주었을까?

정 민 저쪽 식구는 아이들이 여덟 명이나 되고 그 많은 아이들이 서커스를 보지 못하게 되면 실망하고 슬퍼할까봐 그렇게 한 것 같아요.

어머니 이유가 더 있을 것 같은데?

정 민 그쪽 아버지의 마음이 얼마나 아플지 알기 때문이 아닐까요? 여기까지 왔다가 아이들에게 서커스를 보게 해주지 못하고 그냥 돌아가게 되면 얼마나 마음 아프겠어요.

어머니 그렇겠구나. 그쪽 아버지의 처지를 이해했기 때문이겠지? 그런데 돈을 왜 바닥에 떨어뜨리고 그쪽 아버지에게 당신 돈이 떨어졌다고 했을까, 돈을 직접 주지 않고?

정 민 그 아버지의 체면을 살려주려고 그랬겠죠. 남한테 도움을 받는 것을 아이들이 알게 하지 않으려고 그런 재치 있는 방법을 쓴 것 같아요.

어머니 이쪽 아버지가 저쪽 아버지에게 한 행동은 어떤 마음에서 나온 걸까?

정 민 배려요.

어머니 그래. 저쪽 식구들을 배려하는 행동이지. 이 아버지는 어떤 분일까?

정 민 다른 사람들의 처지를 이해해주고 배려하고 도와주는 좋은 분이에요.

어머니 저쪽 아버지는 어떤 분일까?

정 민 아이들을 즐겁게 해주고 싶은 좋은 아버지이고, 어려운 사정이 생겼을 때 남의 도움을 고맙게 받아들이는 사람이에요.

어머니 더 생각해 볼 사람이 한 사람 더 있는데……

정 민 누구요?

어머니 글쓴이.

정 민 아!

어머니 글쓴이도 서커스를 무척 보고 싶었을 텐데 못 보고 돌아오면서 서운하지 않았을까?

정 민 서운해 하지 않고 오히려 뿌듯해 한 것 같아요. 아버지가 왜 그렇게 하셨는지 이해했어요. 글쓴이도 아버지처럼 다른 사람의 처지를 이해하는 좋은 사람인 것 같아요. 남을 배려해주면 자신도 행복해지는 것 같아요.

어머니 그렇구나. 이 일로 인해 글쓴이가 아버지에 대해서 어떤 생각을 가질까?

정 민 아버지를 더 존경하게 되었으리라 생각해요, 틀림없이.

어머니 왜 그렇게 생각하니?

정 민 아버지가 다른 사람들을 배려해 주는 좋은 분이라는 걸 알았기 때문이죠.

어머니 좋아. 이야기를 본문 그대로 요약하지 말고 글쓴이가 전달하려는 내용을 네가 이해한 대로 말해 보렴.

정 민 네.

나는 아버지와 서커스를 보러가서 표를 사려고 줄을 섰는데 바로 앞에 서 있는 대가족의 아버지가 돈이 부족해 보였다. 나의 아버지는 그 아버지의 체면이 상하지 않게 돈을 주어 그들이 서커스를 볼 수 있게 도와주고는 우리는 뿌듯한 마음으로 그냥 돌아왔다.

어머니 좋아.

정 민 감상문 씁니다.

<감상문1> 6학년 이유리

'서커스'를 읽고

글쓴이는 아버지와 서커스를 보러 가서 표를 사려고 줄을 섰는데 바로 앞에 서 있는 대가족의 아버지가 돈이 부족해 보였다. 그의 아버지는 저쪽 가족의 아버지의 체면이 상하지 않게 돈을 주어 그들이 서커스를 볼 수 있게 해 주었다. 그와 아버지는 서커스를 보지 못했지만 뿌듯한 마음으로 돌아왔다.

이 이야기를 읽고 나는 정말로 감동하지 않을 수 없었다. 실화를 그대로 옮겨 놓은 글이라서 그런지 더 와 닿는 느낌이었다. 이 이야기에서 주인공은 자신과 아들이 서커스 볼 돈을, 한 가난해 보이는 가족에게 주는데 그냥 준 것이 아니라 그 가족의 아버지가 체면이 상하지 않도록 그 아버지가 돈을 떨군 척 연기하며 돈을 주었다. 나는 이게 바로 진정한 배려라는 생각이 들었다. 돈을 주는 것만으로도 고마운데 그 가족의 아버지 체면도 생각한 것이다. 세상 사람들이 모두 이 이야기의 배려할 줄 아는 아버지 같다면 얼마나 좋을까? 이 아버지의 배려심이 바로 오늘날 냉정한 사회에서 우리가 본받아야 할 좋은 마음씨이다.

〈감상문2〉 6학년 박소라

서커스 - 배려에 관한 이야기

돈이 부족한 가족 부부의 마음이 이해된다. 특히나 아이들이 여덟 명이나 있으니 그때 절망적이었을 거다. '나'의 아버지의 행동은 정말 훌륭하다. 자신도 그렇게 부자가 아님에도 남을 생각하는 마음에서 신사 같은 반듯한 품격이 느껴졌다. 또 앞 사람 가족을 걱정해서 돈을 떨어뜨린 것은 센스 있는 행동이라고 느꼈다. '나'의 행동도 성숙하고 마음이 깊다고 생각한다. 아버지와 '나'를 본받고 싶다.

배려는 남의 마음에 자신을 맞추어 남을 위해 나누어주거나 손을 내미는 일이다. 배려는 콩을 심으면 콩나무가 열려 많은 콩을 거두는 일이다. 남을 배려하면 나중에 내가 도로 배려를 받는 것뿐 아니라 존경과 감사까지 받을 수 있다. 또 내 마음이 행복해지는 것이니까 정말 멋있는 마음 중 하나이다. 배려하기 위해서는 깊은 마음과 희생이 필요하다. 하지만 그렇기에 더 대단한 것이라고 생각한다.

배려하지 않는 사람은 쉽게 무엇이든 잃기 쉽다. 우리 반에 남을 배려하지 않는 아이가 있다. 그래서 친구들이 그 애를 싫어하고 선생님한테서도 지적을 많이 받는다.

그 애한테서 새삼 배려가 왜 필요한지 느끼고 나 자신을 돌아보기도 하였다. 배려는 꼭 필요하다는 것을 알게 되었다.

<감상문3> 5학년 민소연

아버지와 서커스

나는 대가족을 위해 돈을 베푼 아버지가 착하고 품위 있는 사람이라고 생각한다. 만약 돈을 직접 주었다면 그 가족의 마음이 상했을 것이고 가장은 돈을 받지 않았을 수도 있기 때문이다.

돈을 그들에게 준 사람의 아들도 훌륭한 사람이라고 생각한다. 십 대의 어린 나이였는데도 아버지한테 투정부리지 않고 아버지의 행동과 마음을 이해하고 받아들였기 때문이다.

진정한 배려는, 없어도 살아갈 수 있겠지만 있으면 화사하고 기분이 좋아지는 풀꽃 같다. 마음이 따스해지고 행복해지고 그 사람이 품위 있다고 느낄 수 있는 것을 진정한 배려라고 할 수 있을 것 같다.

<감상문4> 6학년 박도진

배려와 사랑

사람들 간의 배려와 사랑을 느꼈다. 돈 주고도 못 사는 사랑과 감동을 느꼈을 가족이 부럽고 20달러로 양쪽 가족 모두 기쁨을 누릴 수 있다는 것을 알았다. 자신도 부유하지 않지만 남의 가족을 위해 양보한 아버지와 그것을 이해한 '나'의 마음씨가 훌륭하다.

진정한 배려는 자신의 것을 희생하면서 남에게 양보하는 것이다. 그것은 살아가면서 필요한 조건이라고 생각한다. 이 글에서 아버지는 자신도 부유하지 않으면서도 남의 가족을 위해 돈을 양보하고, 받는 사람의 입장을 생각해 지혜를 동원해 양보했다. 이런 것이 진정한 배려라고 생각한다.

우리 사회는 서로서로의 배려가 필요하다는 생각을 하게 됐다. 나 자신만 생각할 게 아니라 다른 사람들도 헤아려 주어야 아름다운 사회가 되지 않을까. 나 자신을 돌아보고 반성하게 되었다.

같은 글을 읽은 아이들의 생각은 비슷하면서도 조금씩 다르다. 아이가 자신의 생각을 글로 표현할 수 있는 것에 초점을 맞추어 칭찬과 격려를 해 주면 자신감을 갖고 글을 쓰게 된다.

2

한스가 구조한 사람

줄거리

네덜란드의 바닷가 마을에서 있었던 일이다. 마을 주민들은 물고기를 잡아서 생계를 잇고 있었기 때문에 긴급 상황에 대비한 구조대가 필요했다. 어느 날 밤 위험에 처한 선원들이 구조 요청을 보내자 구조대가 출동해서 구해왔다. 그러나 구조대는 구조선에 인원이 넘쳐 남자 한 명을 남겨 두고 올 수밖에 없었다. 구조대장이 애가 타서 자원봉사자를 찾았다. 이때 열여섯 살의 한스가 나섰다. 그의 어머니가 말렸지만 한스는 남을 위해 자신을 희생해야겠다고 하면서 떠났다. 그로부터 한 시간 뒤 한스는 무사히 돌아왔고 그가 구한 사람은 바로 그의 형이었다.

독서대화

정 민 이 이야기도 정말 감동적인데요, 엄마.

어머니 내용을 이해했다는 말이구나. 이게 어떤 상황이었지?

정 민 폭풍이 심한 밤 바다에 실종된 선원 한 명을 구조하지 못하고 바닷물 속에 두고 온 상황이었어요. 빨리 구조하러 가지 않으면 그 선원은 바다에서 죽을 거예요.

어머니 구조대원으로 어떤 사람이 필요했을까?

정 민 힘도 세고 경험이 많은 사람이요.

어머니 그런 사람 중에 구조하러 가겠다고 나선 사람이 있었니?

정 민 한스 말고는 없었어요.

어머니 한스가 몇 살이지?

정 민 열여섯 살이요. 중학생 나이에요. 어른보다는 힘도 약하고 경험도 적을 텐데 자기가 구조하러 가겠다고 했어요.

어머니 그랬을 때 한스 엄마가 어떻게 했지?

정 민 구조하러 가지 말라고 말렸어요. 한스 아버지도 십 년 전에 바다에서 죽었고, 한스 형도 며칠 전에 바다에서 실종되었잖아요. 한스마저 잘못되면 안 되니까 말리는 건 당연하다고 생각해요.

어머니 한스가 엄마 생각을 해서라도 폭풍이 몰아치는 바다로 나설 결심을 하는 게 쉽지 않았을 텐데, 굳이 자신이 구조대원으로 간 건 어떤 마음에서였을까?

정 민 바다에 남아 있는 사람을 살려야 한다는 마음이죠. 자기가 위험할 수도 있는데 말이죠.

어머니 그 남아 있는 사람이 자기 형이라는 걸 한스가 알고 한 행동이었니?

정 민 아니에요. 누구인지도 모르면서 구하러 나간 거였어요. 한스의 형은 일주일 전에 바다에서 실종돼서 이미 죽었을 거라고 생각했을 거예요.

어머니 한스는 어떤 아이라고 생각하니?

정 민 다른 사람을 살리기 위해 자신을 희생할 줄 아는 사람이요. 그리고 용기 있는 사람이요. 용기가 참 대단한 것 같아요. 파도가 심하게 치는 밤에 바다에 나서는 건 생각만 해도 무서운데요.

어머니 그래. 남을 위해 위험을 무릅쓰고 나선 한스가 어떻게 됐지?

정 민 일주일 전에 실종된 자기 형을 구해 돌아왔어요. 실종된 형이 아직 바닷물 속에서 살아 있으리라고는 생각하지도 못하고 나갔을 텐데 형을 구하다니 기막힌 우연이에요. 남을 위해 목숨을 건 사람에게는 이런 행운도 생기나 봐요. 정말 다행이에요.

어머니 그렇지? 이와 비슷하게 위험을 무릅쓰고 다른 사람을 구한 사람들에 대한 이야기가 가끔 보도되곤 한단다. 불길 속에 뛰어들어 사람을 구해낸다든가 기차철로에 떨어진 사람을 위험을 무릅쓰고 구해낸다든가 하는……

정 민 아, 그렇군요. 저도 그런 사람들을 본받아야겠어요. 꼭 목숨을 던지는 일이 아니더라도 다른 사람을 도울 일은 얼마든지 있을 테니까요.

어머니 그래. 네 생각이 대견하구나.

정 민 글로 써 볼게요.

〈감상문1〉 5학년 김미래

의인 한스

한스는 자신보다 남을 더 생각하는 사람이다. 남을 위해 희생할 줄 아는 용기 있고 헌신적인 사람이다.

자기가 죽을 수도 있었지만 위험을 무릅쓰고 실종자를 구조한 한스는 정말 대단한 것 같다. 자신의 아버지와 형이 실종되고 집안에 남은 사람은 어머니와 한스뿐이었는데 그런 결심을 하기가 쉽지 않았을 것이다. 그럼에도 불구하고 실종자를 구하러 간 한스, 과연 나도 그런 상황에서 한스처럼 할 수 있을까? 나도 한스처럼 남을 위해 희생할 줄 아는 용기를 배워 남을 돕는 사람이 되고 싶다.

〈감상문2〉 5학년 민소연

남을 위한 배려는 자신에게로

"자신의 배려가 다시 자신에게 돌아온다."라는 말이 떠올랐다. 한스가 실종된 사람을 구조하러 나섰을 때는 그의 행동이 이해가 잘 안 되었는데, 한스가 형을 구조해 돌아올 때 '탁'하고 말로 설명하기 힘든 그 무언가가 머릿속에 떠올랐다. 그 무언가는 다행이라는 안도와 축하, 그리고 마음에 느껴지는 배려의 중요성이 아니가 싶다. 배려는 습관화하면 그에 따른 행복이 온다는 것을 알았다.

<감상문3> 6학년 박도진

한스가 구조한 사람은 형

모두가 할 수 없다고 미루는 일도 결국 누군가는 해야만 한다. 때론 이런 것이 행운을 가져다주기도 한다. 아버지도 10년 전 배가 난파되어 죽고 며칠 전 한스의 형인 파울도 바다에서 실종되었다면 누구라도 구조대원으로 나가지 않을 것이다. 그런데 한스는 반대하는 어머니의 뜻에도 불구하고 바다로 떠났다. 이처럼 누구도 하지 못하는 것을 한 한스는 용기 있다고 생각한다. 그런데 한스가 구조한 사람이 자신의 형이었으니 행운이라고 할 수 있다. 이처럼 남을 위한 희생에는 어려움도 있지만 행운도 따른다는 것을 알았다.

3

이백 번째 포옹

줄거리

나에게 냉정하게 대하는 아버지를 오랫동안 미워하며 살았다. 아버지가 악성 췌장암에 걸려서 얼마 살지 못하신다는 걸 알게 된 나는 아버지와의 관계를 회복하기 위해 아버지를 안아드리기로 마음먹었다.

처음에 아버지를 안았을 때 아버지의 어깨와 두 팔은 잔뜩 긴장한 채 굳어 있었다. 그래도 나는 포기하지 않고 갈 때마다 아버지를 껴안았다. 내가 수없이 아버지를 껴안는 시도를 한 끝에 마침내 아버지가 나를 먼저 껴안으시며 "얘야, 널 사랑한다."라고 하는 말을 들을 수 있었다.

어머니 무슨 내용이니?

정 민 아버지와 아들이 오랫동안 사이가 좋지 않았었는데, 아버지가 얼마 살지 못할 거라는 걸 알고 아들이 아버지를 자꾸 안아 드렸더니 이백 번째 만에 아버지도 태도가 바뀌었다는 이야기예요.

어머니 아버지와 아들이 왜 사이가 좋지 않았을까?

정 민 아버지가 아들을 다정하게 대해주지 않은 것 같아요. 아들은 아버지가 고지식하고 완고하다고 했어요. 그리고 자신에게 무관심하다고 생각해서 아버지를 미워하면서 살아온 게 오래되었어요.

어머니 그랬는데 아들이 마음을 바꾼 이유가 뭐지?

정 민 아버지가 췌장암 말기여서 얼마 살지 못할 것을 알고서, 서로 감정이 좋지 않은 상태로 아버지가 떠나게 해서는 안 된다고 생각했어요. 아버지를 위해서나 자신을 위해서도요.

어머니 그래서 아들이 어떻게 했지?

정 민 아버지를 껴안아 드리기로 했어요.

어머니 껴안는다는 것은 어떤 의미일까?

정 민 상대방을 사랑한다는 뜻이라 생각해요. 말로 하지 않아도 상대방에게 그 마음이 전달된다고 생각해요.

어머니 아들인 이 사람의 마음을 이해할 수 있겠니?

정 민 네. 자기가 아버지의 관심이나 사랑을 받지 못한다고 느껴서 아버지한테 화만 내고 미워했지만, 아버지가 돌아가시기 전에 서로의 좋지 않은 감정을 풀어 버리고 사랑을 확인하고 싶어한 거라 생각해요.

어머니 그게 왜 필요하지?

정 민 그래야 아버지가 기쁜 마음으로 세상을 떠날 수 있고, 아들도 좋은 마음으로 아버지를 기억하며 살아갈 수 있을 테니까요.

어머니 그래. 옳은 생각이야.

그런데 아버지가 정말 아들을 사랑하지 않고 무관심했을까?

정 민 그건 아니라고 생각해요. 분명 아들을 사랑하고 관심도 있었을 텐데 아마 표현을 잘 못하는 성격이라서 그랬을 것 같아요.

어머니 너와 아빠는 어떠니?

정 민 우리 아빠는 다르죠. 엄마도 아시다시피 아빠는 우리들한테 다정하고 이야기도 잘 들어 주시고 같이 놀아주기도 하시잖아요. 저도 아빠를 잘 따르고요.

어머니 그렇구나. 그런데 아빠들 가운데는 이런 사람이 더러 있단다. 무뚝뚝한 게 남자답다고 생각하는……

정 민 친구들 집에 놀러 가 보면 무서운 아빠들도 있어요. 집에서 놀지도 못하게 하고 소리를 내지도 못하게 하는 아빠요. 그런 아빠와는 다정하게 대화하기가 힘들 거 같아요.

어머니 이 이야기의 아빠와 비슷한 면이 있구나.
이 아들이 아버지를 껴안는 게 쉬웠을까?

정 민 아니요. 처음에는 어색했을 것 같아요. 그리고 아버지가 껴안는 것을 잘 받아들이지 못하시자 그만둘까도 생각했어요.

어머니 그랬는데?

정 민 그랬는데 서로 껴안는 것이 아버지뿐만 아니라 자신을 위해서도 필요한 일이라고 마음을 다지고 계속 껴안아 드리고 아버지도 자신을 안으시도록 가르쳐 드렸어요.

어머니 그래서 어떤 결과를 가져왔니?

정 민 드디어 아버지도 아들을 자연스럽게 안으시면서 사랑한다는 말을 하시게 되었어요. 이게 아들이 태어나서 아버지한테서 처음으로 들은 애정 표현이래요. 참 기막혀요.

어머니 왜?

정 민 아들이 어른이 된 지금까지 아버지가 한 번도 사랑한다고 말한 적이 없다잖아요. 기가 막혀요. 이런 아버지도 있네요.

어머니 너네 아빠는?

정 민 아빠는 매일 사랑한다고 하시죠. 제가 태어나서 백 번도 넘게 들었을 걸요.

어머니 너도 아빠한테 사랑한다고 말하니?

정 민 그럼요. 저도 매일 하죠. 엄마한테 하는 만큼 아빠한테도 요.

어머니 그래. 고맙구나. 사랑한다, 정민아. 하하…

정 민 엄마 사랑해요. 헤헤…

어머니 이 글에서 뭘 느꼈니?

정 민 사랑한다는 걸 표현하는 것이 중요하다는 거요. 저도 더 많이 표현해야겠어요.

<감상문1> 5학년 김미래

이백 번째 포옹

아버지는 췌장암에 걸려 병실에 누워 있었다. 아버지는 항상 무뚝뚝하고 자신의 일만 아는 사람이었다. 아버지는 아들에게 관심을 보인 적이 없었다. 아들을 사랑하지만 그것을 표현하지 못했다.

아들이 아버지와 포옹하기 전에는 아버지를 비난하고 아버지에게 화를 내고 아버지가 자신에게 무관심하다고 생각했다. 하지만 아버지와 조금 더 가까워지기 위해서 노력하고 노력했다. 그래서 서로 사랑하는 마음을 확인하게 되었다. 이런 점에서 글쓴이는 끈기가 있다.

이 이야기를 읽고 평소의 나와 아빠의 관계를 생각해 보았다. 나와 아빠는 이 글에 나온 부자보다 관계가 훨씬 좋은 것 같다. 아빠하고의 관계가 서먹하면 생활에 불편할 것 같다. 아빠하고 대화도 나누지 않고 놀지도 않으면 삶의 활력을 다 잃어버릴 것 같다. 지금의 나와 아빠의 관계도 좋지만 더 좋은 관계를 만들고 싶다.

〈감상문2〉 6학년 박도진

이백 번째의 포옹

췌장암에 걸린 아버지가 얼마 못 사실 거라는 것을 알고 나는 아버지를 매일 찾아가 껴안아드렸다. 내 포옹에 놀라시던 차가운 아버지도 차츰 포옹을 받았고 이백 번째 포옹을 할 때는 나에게 사랑한다고 말했다.

포옹으로 아버지를 따뜻하게 변화시켜 부자 간의 사랑을 나눌 수 있게 한 것을 보고 따뜻한 마음은 사람을 변화시킨다는 것을 깨달았다.

처음 전학 온 소심한 학생에게는 자신에게 먼저 손을 내밀어주는 아이가 고마운 것처럼, 시간이 걸리더라도 따뜻한 마음으로 먼저 다가가면 그 상대방도 마음을 열어줄 것이라는 생각이 들었다. 그래서 남에게 따뜻한 사람이 되어야겠다는 생각을 했다. 또 차가운 사람도 마음을 전하는 방법을 알면 충분히 표현할 수 있다는 것을 느꼈다. 두 사람의 사랑이 통한 것을 축하한다.

〈감상문3〉 6학년 이유리

이백 번째의 포옹

한 아버지가 췌장암에 걸렸다. 그런데 아들이 원래는 아버지를 미워했지만 아버지가 차가운 감정을 가진 채 세상을 떠나게 하기 싫어 아버지에게 계속 포옹을 시도한다. 이백 번째의 포옹이 있은 다음에 아버지에게서 최초의 애정 표현인 사랑한다는 말을 듣는다.

이 아들과 아버지 이야기는 애정 표현이 얼마나 중요한지 알려 준다. 나와 아빠도 애정 표현이 많지 않다. 그래서인지 아빠와 이야기를 많이 하지만 그렇게 기억에 남는 일이 많지 않다. 하지만 내가 애정 표현을 하지 않으면 혹시라도 아빠와 내가 나중에 이렇게 되지 않을까 하는 생각을 문득 하게 되었다.

아빠와 아들이 비록 애정 표현을 하지 않아서 그렇지 둘이 서로를 사랑하지 않는 것은 아닌 것 같다. 그냥 아빠와 아들이라는 이유로 애정 표현을 하지 않아 생긴 문제 같았다.

나는 오늘 아빠를 안아 드려야겠다는 생각을 했다. 미래의 내 모습이 이 이야기에 나오는 아빠와 아들처럼 포옹을 어색해하는 것이 아니라 만나면 자연스럽게 포옹하는 그런 사이가 될 수 있도록 말이다.

이 아버지와 아들은 포옹함으로 관계가 좋아져서, 아버지가 돌아가신 다음 그 동안 아버지와 냉정하게 지냈던 시간들이 아까울 것 같다. 하지만 아버지는 마음 편히 갈 수 있을 것 같다. 두 사람의 냉정한 관계가 풀리고 사랑이 싹틀 수 있는 이백 번의 포옹을 했기 때문이다.

이야기 하나가 여러 개의 설교보다 아이에게 큰 울림으로 자신을 돌아보게 한다. 나는 어떤지 또는 어떻게 살아야 할 지, 어떤 사람이 될 지.

4

니키

줄거리

중학교 2학년 여학생인 니키는 백혈병 치료를 하느라 머리카락이 다 빠졌다. 그래서 가발을 쓰고 학교에 갔더니 친구들이 가발을 자꾸 벗기고 놀려대서 학교에 가고 싶지 않았다. 어느 날 용기 있는 아이들의 이야기를 듣고 자신도 용기를 내어 가발을 벗고 당당하게 학교에 갔다. 그랬더니 아무도 니키를 놀리지 않았다. 병마를 이겨낸 니키는 그 후 결혼도 하고 딸도 낳는다.

정 민 니키는 정말 용감한 사람이에요.

어머니 어떤 점이?

정 민 백혈병에 걸려 무척 아프고 치료하느라 머리카락이 다 빠질 정도면 몸이 얼마나 힘들겠어요? 그런데다 학교에서 친구들이 놀려대니 정말 괴로웠을 텐데 용기로 모든 것을 이겨냈잖아요.

그런데 백혈병이 어떤 병이지요?

어머니 암의 일종이란다. 자세한 건 지식백과에서 찾아볼까?

정 민 네.

"백혈병은 혈액 세포에 생기는 암으로서, 비정상적인 혈액세포가 억제되지 않고 과도하게 증식하여 정상적인 백혈구와 적혈구, 혈소판의 생성이 억제된다. 정상적인 백혈구 수가 감소하면 면역저하를 일으켜 세균 감염에 의한 패혈증을 일으킬 수 있고, 적혈구의 감소는 빈혈 증상을 가져오며, 혈소판의 감소는 출혈 경향을 일으킨다. 또한 과다 증식된 백혈병 세포 자체로 인하여 고열, 피로감, 뼈의 통증, 설사, 의식 저하, 호흡 곤란, 출혈 경향도 일으킬 수 있다. 백혈병 환자는 치료 받지 않으면 이런 증상들에 의해 생명이 위험해진다."

정 민 무시무시한 병이네요. 이런 무서운 병에 걸리면 참 힘들겠어요. 이 병을 치료할 때 머리카락이 빠지나요?

어머니 암을 화학요법으로 치료받을 때 대체로 머리카락이 빠지는 부작용이 있다고 해. 치료 받는 게 아주 힘든 거지.

정 민 아, 그렇군요.

어머니 니키 같은 처지에 놓이면 어떻겠니?

정 민 정말 슬플 거예요. 백혈병 같은 무서운 병에 걸린 것도 무섭고, 치료 받는 것도 무척 힘든데 친구들이 위로해 주기는커녕 가발을 벗기고 놀려대기만 하니 얼마나 슬프고 괴로웠을까요.

어머니 그래. 무척 슬프고 힘들었을 거야. 그랬던 니키가 용기를 내게 된 계기가 있었지?

정 민 네. 신문에서 무척 용기 있는 아이들에 대한 이야기를 보고 자신도 그들처럼 용기를 내겠다고 마음먹었어요.

어머니 그래서 어떤 용기를 냈지?

정 민 머리카락 없는 머리를 감추느라 머리에 썼던 가발을 벗고 당당히 맨머리로 등교했어요.

어머니 왜 그랬을까?

정 민 자신의 모습을 있는 그대로 보여 주고 싶었나 봐요. "나 이렇다. 똑똑히 보고 더 이상 궁금해 하지 마라!" 뭐 이런 뜻 아닐까요?

어머니 그런 뜻만 있었을까?

정　민　"더 이상 내 모습을 부끄러워하지 않겠다."

어머니　좋아. 그랬더니 다른 아이들이 어떻게 했지?

정　민　더 이상 놀리는 아이들이 없어졌어요.

어머니　놀리는 아이들이 왜 없어졌을까?

정　민　우선… 가발을 쓰지 않으니까 장난칠 게 없어져서요. 그리고 니키가 가발 벗고 당당하게 학교에 오니까 아이들이 그 당당함에 기죽지 않았을까요?

어머니　머리털이 다 빠진 맨머리로 아이들이 많은 학교에 갈 수 있을까? 너라면 할 수 있겠니?

정　민　전 못할 것 같아요, 지금 생각으로는.

어머니　나도 그렇단다. 니키가 참 용기 있는 아이지?

정　민　네. 그렇게 용기가 있어서 병도 이겨낸 거 같아요.

어머니　그래. 그 무서운 병을 이겨내고 결혼도 하고 아이 엄마도 되었다는 게 놀랍지?

정　민　저 앞으로 마음 약해질 때마다 니키를 떠올릴 거예요.

어머니　그래, 좋다.

〈감상문1〉 6학년 이유리

니키

니키의 친구들은 참 나쁘다. 친구가 지금 얼마나 아프고 힘들지 생각해주지도 않고 배려도 없다. 오히려 가발을 벗기며 더 괴롭게 하다니 친구도 아니다.

이야기를 읽으면서 마음속으로 니키의 친구들에게 욕을 퍼붓다가 나도 이렇게 나쁜 친구였던 적이 없었나 돌아보았다. 금방 떠오르진 않지만 친구의 불행을 위로해주지 못하고 놀려댄 적이 있었으면 어쩌지 하면서 가슴이 쿵하고 내려앉는 기분이 들었다. 지금부터라도 사람들을 더 헤아려주고 배려하는 사람이 되어야겠다고 다짐했다.

〈감상문2〉 6학년 박도진

니키

중1 때 백혈병에 걸린 니키라는 아이는 머리카락이 점점 빠져 가발을 쓰고 학교에 다녔는데 친구들이 열 번도 넘게 가발을 벗기며 장난쳤다. 친구를 잃는다는 건 정말 견딜 수 없다던 니키는 두 소년의 이야기를 듣고 용기를 내 학교에 가발을 벗고 들어갔다. 아무도 니키를 놀리지 않았다. 후에 니키는 결혼도 하고 딸도 낳았다.

나는 니키가 학교에 가고 싶지 않다고 했을 때 속상했고 편견을 가지고 니키를 바라보는 그 아이들이 미웠다. 내가 니키라면 벌써 학교에서 나와 집에서 울고만 있을 것이다.

니키가 초등 6학년과 중 1학년인 두 소년에 대하여 듣기 전에는 나도 니키가 이제 다시는 학교에 가지 않고 집에서만 있어 꿈을 잃어버린 사람이 되면 어쩌나 하는 걱정도 되었다. 하지만 내가 그런 걱정을 하지 않아도 된다는 것을 알았다. 니키가 가발을 벗고 학교를 들어갈 때 난 니키가 대단하다고 생각했다. 만약 니키와 같은 사람이 내 곁에 있다면 그 사람을 격려해 주고 위로해 주는 친구가 되어 주고 싶다.

5

앤디의 순교

줄거리

나와 친구들은 앤디가 착한 아이라는 걸 알면서도 그의 좋지 않은 가정 형편과 더러운 옷차림 때문에, 그리고 우리가 무슨 짓을 해도 그가 다 받아주기 때문에 그와 어울려 놀면서도 항상 그를 괴롭혔다. 어느 날 친구들은 캠핑에서 앤디를 따돌리기로 모의하였고, 나는 앤디에게 "우리는 너를 원치 않아."라고 말하며 그를 돌려보냈다. 그 후 앤디는 학교에 오지 않았고 우리들은 그를 다시는 볼 수 없었다.

나는 수십 년이 지난 지금까지도 그에 대한 죄책감을 안고 그에게 사죄하는 심정으로 진정으로 그가 잘 되기를 바라는 마음과 함께, 앤디와 같이 힘이 약한 사람들에 대한 따뜻한 시선을 갖게 되었다.

어머니 무슨 내용인지 이해하겠니?

정 민 대략이요. 앤디를 왕따시킨 것을 후회하고 반성한다는 이야기지요? 순교라는 말을 알아야겠어요.

어머니 그래. 사전에서 찾아보렴.

정 민 이건가요?

"순교 - 자기가 믿는 종교를 위하여 목숨을 바침."

어머니 그래. '순'은 목숨을 바친다는 뜻이고, '교'는 종교를 말해. 자기의 종교를 위해 목숨 바치는 것은 순교, 그런 사람을 순교자라고 부르지. 그러면 나라를 위해서 목숨을 바치는 것은 뭐라 부를까?

정 민 순국이요.

어머니 소방관이 불 끄는 일을 하다가 목숨을 잃는 것은?

정 민 순직이요. 아, 이해됐어요.

어머니 여기서는 앤디가 종교를 위해 목숨 바친 이야기가 아니잖아? 뭔가 비유적인 뜻으로 쓰인 것 같지?

정 민 네. 다른 사람들을 위해서 희생했다는 말일 텐데.

어머니 그 다른 사람들이 누굴까?

정 민 친구들 아닐까요?

어머니 앤디가 친구들의 무엇을 위해서 어떤 희생을 한 걸까?

정 민 앤디가 친구들의 감정의 배출구였다고 했잖아요? 친구들이 화가 났을 때, 속상했을 때, 슬플 때, 뭐 이럴 때마다 맘껏 풀어버릴 수 있도록 다 받아줬다는 말인 것 같아요.

어머니 맞는 말이라 생각한다. 그것 말고도 더 있을 듯싶은데?

정 민 아, 친구들한테 중요한 걸 깨닫게 해 주었어요. 약한 사람에게 상처를 주어서는 안 된다는 것을요. 그래서 약한 사람들을 업신여기지 않는 착한 사람으로 바꾸어 놓았어요.

어머니 그래. 좋다. '순교'라는 말을 다른 말로 바꿔 볼래?

정 민 '친구들을 위한 희생' 어때요?

어머니 좋구나. 정민아, 너 혹시 따돌림 당한 적 있니?

정 민 전혀요.

어머니 그럼 누구를 따돌린 적은?

정 민 좋아하는 친구랑은 친하게 지내고, 싫은 애들하고는 친하지 않은 건 있지만 누구 한 명을 왕따시킨 적은 없어요.

어머니 그런 걸 본 적은?

정 민 이야기는 들은 적이 있지만 제 주변에서 본 적은 없어요.

어머니 앤디처럼 혼자만 따돌림 당하면 마음이 어떨까?

정 민 무척 슬프겠죠. 학교 가고 싶지도 않을 거고, 살고 싶지 않을 거 같아요.(죄송해요.) 여태껏 같이 놀아주던 친구들이 갑자기 자기를 따돌리고 버리면 얼마나 기막히겠어요?

어머니 아이들이 앤디랑 어울려 놀면서도 왜 앤디한테 이렇게 대했을까?

정 민 앤디네는 가난하고 형편이 좋지 않은 걸 알기 때문이지 않을까요? 그래서 함부로 해도 되는 아이라고 생각한 거 같아요. 나쁜 생각이지요.

어머니 그래. 글쓴이의 그런 생각을 스스로 뭐라고 표현했더라?

정 민 속물근성이요.

어머니 그게 무슨 말인지 아니?

정 민 알 것 같은데, 정확히는 모르겠어요.

어머니 그렇다면?

정 민 찾아봐야죠.

"속물근성 - 돈이나 명예를 제일로 치고 눈앞의 이익에만 관심을 가지는 생각이나 성질."

아, 이런 뜻이었어요. 이 친구들은 속물근성 때문에 착한 친구를 업신여기고 버린 거였어요.

어머니 글쓴이가 앤디에게 잘못했다고 느꼈을 때 어떻게 하면 좋았을까?

정 민 바로 미안하다고 했어야 해요.

어머니 사과했으면 어떻게 되었을까?

정 민 앤디의 다친 마음이 금방 풀어졌겠죠. 그리고 글쓴이도 평생 죄책감을 안고 살지 않을 거고요.

어머니 그래. 누구나 잘못할 수 있지만, 잘못한 것을 깨달았을 때 사과했으면 좋았을 걸. 그랬으면 용서한 사람도 용서받은 사람도 서로 마음이 풀어져서 상처가 남지 않을 텐데. 여기선 그렇게 하지 못한 게 마음 아프구나.

정 민 네. 아마 죽을 때까지 앤디는 마음의 상처가 지워지지 않을 거 같아요. 그리고 친구들도 모두 죄책감을 갖고 살아갈 거예요. 다른 친구들도 글쓴이와 같은 마음일까요?

어머니 아마 그렇겠지. 너 느낀 게 많은 것 같구나.

정 민 네. 생각할 게 많고 복잡해서 뭘 먼저 써야 할 지 모르겠어요.

어머니 그러면 네가 앤디라고 생각하고 앤디의 마음속 이야기를 써 볼래?

정 민 네. 그럴게요.

<감상문1> 5학년 민소연

앤디 이야기

난 오늘 정말 슬프다. 오늘 캠프를 얼마나 기다렸는데… 친구들과 야외에서 하루 종일 지내면서 캠프하는 것을 얼마나 해보고 싶었는데, 그러면 친구들과도 더 친해지고 얼마나 신날까 상상하고 또 상상했었는데…

멀고도 먼 길을 울면서 걸어오며 내내 생각했다. 내가 무얼 잘못했는지. 그동안 그 애들과 친구로 어울리고 싶어서 나한테 이유 없이 짜증내고 화풀이하는 것도 다 받아주고 걔네가 시키는 일은 힘든 것도 다 해주고… 다 참고 웃으며 대해 주었는데, 왜 이제 와서 나를 싫다고 하다니… 아이들 중 내가 가장 믿었던 벤이 그렇게 말할 줄 꿈에도 몰랐다. 벤, 내가 왜 싫은 거니?

나를 아무도 좋아하지 않아. 아빠는 집에 없고 엄마는 매일 바쁘고 아무도 나에게 관심 두지 않아. 학교에서 친구들과 어울리는 게 유일한 재미였는데 난 이제 어떡해? 이젠 학교도 못 가겠어. 아이들이 싫다고 했잖아… 난 어떡해… 그냥 사라지고 싶어……

정 민 마음이 아파서 더 못 쓰겠어요. 너무 슬퍼요.

어머니 그 사람이 처지가 되어 생각해 보면 느낌이 다르지?

정 민 네. 앤디가 얼마나 상처를 받았을지 더 이해하게 되었어요. 그리고 다른 사람에게 말이나 행동을 할 때 그 사람의 처지에서도 꼭 생각해봐야겠다고 다짐했어요.

이야기 속 앤디가 되어 글을 쓸 때 아이는 마음이 아파서 더 이상 글을 쓰기 힘들 만큼 그 인물의 마음과 처지를 더 절절히 느낀다. 단순히 독자로서 글에 대한 감상을 쓸 때와는 다른 느낌이다.

때로 작품 속의 등장인물이 되어 글을 쓰게 하는 것을 추천한다. 등장인물이 되어 보는 것은 바깥에서 이야기를 들여다보는 것이 아니라, 이야기 속에 들어가는 일이다. 그 인물의 처지가 되어 글을 쓰다 보면 그 인물의 생각과 행동들을 내 것처럼 생각하게 되어 작품을 더 깊이 이해하는 데 도움이 된다. 뿐만 아니라 인물에 대한 이해가 삶에 대한 이해로 발전할 수 있다.

〈감상문2〉 6학년 박도진

앤디의 순교

글쓴이는 앤디의 약점을 가지고 그를 놀렸다. 앤디는 그것을 받아주면서까지 친구들과 친해지고 싶어 했다. 글쓴이는 앤디를 놀리면 안 된다는 생각이 들었지만 친구들 편에 붙기로 했다. 그룹이 캠핑을 하는 날 글쓴이는 대표로 앤디에게 "우린 널 원치 않아."라고 했다. 앤디는 눈물을 글썽이며 집으로 돌아갔다.

글쓴이는 사태의 심각성을 깨닫고 후회했다. 글쓴이는 살면서 불행한 처지의 사람들을 보면 그 일이 생각나면서 양심의 가책을 느꼈다. 글쓴이는 앤디의 일로 다시는 다른 사람에게 큰 상처를 주지 않으리라 결심했다.

앤디는 친구들과 어울리고 싶어서 친구들이 놀리는 것도 참고, 싫다는 것을 밖으로 표현하지 않았다. 글쓴이와 친구들에게 깨달음을 주었다. 그러므로 '앤디의 순교'의 의미는 앤디가 놀림을 다 받아주고 대항하지 않음으로써 글쓴이에게 양심의 가책을 느끼게 하고 남에게 상처를 주는 것의 심각성을 깨닫게 하여 다시는 그런 일을 하지 않게 만들었다는 의미라고 생각한다.

〈감상문3〉 6학년 이유리

앤디의 순교

앤디는 초등 5학년인 우리들의 나쁜 감정을 다 받아주었다. 우리는 앤디를 가정환경이 좋지 않다는 이유로 진정한 친구로 대해 주지 않았다. 캠핑에 가서 친구들의 권유에 나는 앤디를 쫓아버리는 일을 저질렀다. 그 후로 나는 앤디를 생각할 때마다 죄책감에 시달리며 평생을 살아간다.

친구들이 아무런 생각 없이 뱉은 말일지 몰라도 앤디에겐 가슴속 깊숙이 박힌 못이 되었다. 자신이 웃자고, 재미있자고 툭, 툭 내뱉은 말은 상대방 마음에 박혀 끊임없이 그 사람을 괴롭힌다. 아무리 잘 받아주는 사람이라도 상처를 받는다. 이 친구들은 이 일의 심각성을 제대로 파악하지 못했다. 그것이 얼마나 나쁘고 잔인한 말인지. 괴롭힘을 당하는 아이에게 진실한 말 한 마디만 걸어주면 그 친구는 다시 활력을 되찾을 수 있을 텐데. 누구든 앤디에게 진심으로 말을 걸어주었더라면 앤디는 슬프지 않았을 것이다.

글쓴이에게 "우린 널 원치 않아."라는 말을 들은 앤디가 불쌍하다. 친구들에게 놀림을 받으면서도 그런 친구들이랑 친해지고 싶어 하는 앤디의 간절함이 느껴졌다.

나는 다른 친구에게 상처를 주지 않아야겠다. 이미 일어난 일은 다시 돌이킬 수 없다는 말이 와 닿았다. 어떤 일을 할 때에는 먼저 신중하게 생각을 해야겠다.

어린 왕자

어린 왕자 / 생떽쥐베리

어린 왕자

생떽쥐베리

'어린 왕자'는 일종의 가상(판타지) 동화 소설이다. 순수한 마음을 지닌 소년의 눈으로, 동심을 잃어버린 어른들의 행동을 풍자함으로써 어른이 되면서 잃어버린 소중한 것이 무엇인지를 일깨우는 이야기이다. 어린이들은 물론이거니와 동심을 잃은 어른, 동심을 되찾고 싶은 어른, 그리고 아이들의 동심을 지켜주고 싶은 어른이라면 꼭 읽어야 할 동화이다.

흔히 어른이 읽는 동화로 알려진 '어린 왕자'를 내 아이와 함께 읽고 대화를 나누는 일은, 아이에게뿐만 아니라 멘토인 어른에게도 의미 있는 일이 될 것이다.

책 속의 보물

1. 자기의 별을 돌보는 어린 왕자의 순수함, 성실함
2. 어린 왕자가 사랑한 장미
3. 어린 왕자가 떠난 이유
4. 동심을 잃은 어른들
5. 관계의 중요성을 깨닫게 해주는 여우
6. 자기 별로 돌아가기를 택하는 어린 왕자
7. 동심을 잃은 어른과 동심을 잃지 않은 어른
8. 작가가 전하려는 말

1

어린 왕자

줄거리

작은 별 B612호에서 장미를 돌보며 살던 어린 왕자는, 자신의 별을 떠나 여러 별을 여행하며 이상한 어른들을 만난다. 지구별의 사하라사막에 왔을 때, 어린 아이의 마음을 이해하는 유일한 어른인 '나'를 만난다. 두고 온 장미를 잊지 못하던 어린 왕자는 여우를 만나면서 자기가 길들인 꽃의 소중함을 깨닫고, 장미에게 돌아가기 위해 원래 있던 데로 돌아가게 해 주겠다는 뱀에게 물리는 방법을 택한다. '나'는 어린 왕자가 자기 별로 돌아갔다고 생각한다.

어머니 정민아, 오늘은 '어린 왕자'를 읽어 보자. 엄마가 오랜 전에 읽었던 소설인데 다시 읽어 보니 새로운 감동이 있었어.

정 민 '어린 왕자'… 책 표지의 그림이 어린 왕자의 모습인가 봐요.

어머니 그렇단다. 작가가 직접 그린 그림이야.

정 민 아, 어린 왕자가 무척 귀엽고 순진해 보여요.

(읽고 나서)

어머니 '어린 왕자' 어땠어?

정 민 제가 예상한 왕자님 이야기가 아니었는데 재미있었어요. 그런데 좀 어렵기도 했어요. 신기하고 신비해요.

어머니 어떤 게 어려웠니?

정 민 실제 가능한 일이 아니에요. 환상적이에요. 아, 판타지 소설인 거죠?

어머니 그래 판타지 소설이라고 할 수 있지. 판타지 소설을 가상 소설이라고 해. 실제의 이야기처럼 이해하려 하면 어렵지.

정 민 그래서 상상하며 읽었어요. 단순한 이야기 같으면서도 뭔가 깊은 의미가 곳곳에 숨어 있는 것 같아요.

어머니 맞아. 그럼 지금부터 그 숨어 있는 의미를 하나씩 찾아볼까?

이 소설에서 가장 중요한 인물은 누구지?

정 민 어린 왕자요.

어머니 어린 왕자는 어떤 사람이니?

정 민 작은 별에서 살다가 거기를 떠나 여러 별을 여행하던 중에 지구에 온 아이인데 엉뚱하기도 하고 순진한 아이예요.

어머니 그리고?

정 민 부지런해요. 자기가 살던 별을 열심히 돌봤어요. 장미꽃을 사랑해서 잘 보살펴 주었었는데 별을 떠나온 뒤에도 계속 걱정하며 그리워해요.

어머니 어린 왕자가 장미꽃을 그리워한다는 걸 어떻게 알지?

정 민 만나는 사람들한테 장미꽃 이야기를 계속 하잖아요. 장미꽃을 계속 생각하고 있다는 뜻이죠.

어머니 그렇구나. 그럼 장미 얘기를 해 볼까? 장미는 어떤 인물이지?

정 민 어린 왕자를 사랑해요.

어머니 그걸 어떻게 아니?

정 민 어린 왕자의 관심을 받으려 애써요. 왕자에게 아름답게 보이고 싶어 하잖아요.

어머니 그렇다면 서로 사랑하는데 어린 왕자가 왜 장미꽃을 떠났을까?

정　민　장미는 어린 왕자가 자기를 잘 돌봐주는데도 고마운 마음을 표현하지 않아요. 겸손하지 않고 자존심이 강해서 어린 왕자의 사랑을 기쁘게 받아주지 않고 오히려 괴롭게 해요. 그래서 꽃의 진심을 모르는 어린 왕자가 상처 받아서 떠났다고 생각해요.

어머니　와, 그렇구나. 그럼 장미가 어떻게 했으면 어린 왕자가 떠나지 않았을까?

정　민　자기를 아끼고 사랑해주는 어린 왕자의 마음을 고맙게 받아들이고 자기도 어린 왕자를 사랑하는 마음을 솔직하게 표현했다면 떠나지 않았을 거라 생각해요.

어머니　그래. 엄마 생각도 그렇단다.
그런데 어린 왕자가 그 장미꽃이 세상에 하나뿐인 줄 알았었는데 그게 아니라는 걸 알게 되지?

정　민　네. 어린 왕자는 장미꽃이 이 세상에 자기 하나뿐이라고 하는 꽃의 말을 믿고 귀하게 생각했었는데, 지구에 와서 보니 그런 장미가 셀 수 없이 많다는 걸 알게 되었어요. 그래서 자기 별에 있는 장미가 그렇게 특별하지 않다는 걸 알고 실망해서 슬퍼했어요.

어머니　그랬다가 장미에 대한 마음이 다시 바뀌게 되지?

정　민　네. 여우가 가르쳐 줘요. 여우한테서 길들여진다는 말의 뜻을 알게 되고, 자신이 길들인 그 장미가 단 하나뿐인 특별한 꽃이라는 것을 깨달아요. 그래서 자신의 장미에게로 돌아가기로 결심해요.

어머니 어린 왕자가 장미에게 어떻게 돌아가지?

정 민 왔던 곳으로 돌아가게 해 준다는 뱀의 말을 믿고 무서워하면서도 뱀에게 물리는 방법을 택해요.

어머니 어린 왕자는 자기의 별로 돌아갔을까?

정 민 어린 왕자가 뱀에 물려 죽은 것 같아서 슬퍼요. 그래도 자신의 별로 돌아갔다고 믿고 싶어요.

어머니 나도 그렇게 믿고 싶구나.

어린 왕자가 여러 개의 행성을 여행했는데 행성마다 이상한 사람들이 있었지? 그 사람들은 어떤 사람들일까?

정 민 늘 술에 취해 있는 사람, 돈에 욕심이 많은 사람, 남에게 명령하기를 좋아하는 사람, 허영심이 많은 사람…… 그런 사람들이요.

어머니 이 책에서 그런 사람들을 우스꽝스럽게 표현해 놓았지?

지난번에 문학 작품에서 현실의 부정적 현상이나 모순 따위를 비웃으면서 쓴 것을 뭐라고 했더라?

정 민 아, 풍자요. 어린 왕자가 만난 이상한 어른들 이야기는, 좋지 않은 면을 가진 사람들을 풍자해 놓은 거네요.

어머니 그래.

또 중요한 인물은 누구지?

정 민 '나'요.

어머니 '나'는 어떤 사람이지?

정 민 비행기 조종사인데 사하라사막에서 고장 난 비행기를 고치다가 어린 왕자를 만나요.

어머니 '나'가 중요한 인물인 이유가 뭘까?

정 민 어린 왕자가 지구에 와서 만난 사람이 '나'예요. 어린 왕자의 말을 들어 주고 사랑하는 인물이어서요.

어머니 응. 맞는 말인데, 한 가지 중요한 게 더 있단다. 그건 '나'가 어린 왕자의 이야기를 독자에게 들려주는 서술자 역할을 한다는 거야.

정 민 아, 맞아요. '나'는 어린 왕자에 대한 이야기를 독자에게 전해주는 사람이지요. '나'가 서술자여서 중요한 인물이에요.

어머니 그렇지. 그렇다면 소설 속에서 이야기를 하고 있는 '나'도 어린 왕자의 눈에 다른 사람들처럼 이상한 사람으로 보였을까?

정 민 아닐 거예요. 어린 왕자가 '나'를 이상한 사람으로 생각했다면 대화를 이어가지 않았겠죠. '나'는 어린 왕자를 이해해 주고 도와주고 서로 대화도 통하고…… 어린 왕자가 만난 사람들 중에 '나'만을 믿고 좋아했다고 생각해요.

어머니 그럼 '나'는 어린 왕자가 만난 이상한 사람들과 어떤 점이 다를까?

정 민 '나'는 어린 아이를 이해하는, 어린 아이와 같은 순수한 마음을 가지고 있어요.

어머니 좋아. 어린 아이의 순수한 마음을 뭐라고 하는지 아니?

정 민 동심이요. 동심이라는 말 배웠어요.

어머니 그래. 서술자인 '나'는 동심을 가지고 있는 사람이라 할 수 있겠구나. 그렇다면 다른 사람들은?

정 민 이상한 어른들은 모두 동심이 없는 사람들이지요. 동심을 잃어서 이상한 사람이 된 건가 봐요. 그 사람들도 어릴 때는 순진했을 텐데.

어머니 그래. 어른이 되면서 점점 동심을 잃어서 이상한 사람들로 변한 것 같구나.

작가가 이 이야기로 사람들에게 하고 싶은 말이 무엇일까?

정 민 음… 여러 개가 떠올라요.

"순수한 마음을 갖자."

"자신에게 있는 모든 것을 소중히 여기자."

어른들에게는, "동심을 잃지 말자."라고 말하는 것 같아요.

어머니 다 좋은데.

정 민 아, 이게 좋겠어요.

"어린 아이만이 소중한 것을 볼 수 있고 동심을 가진 사람이 참된 행복을 맛본다."

어머니 오, 참 좋구나. 오늘은 더 좋은 글이 나올 것 같구나.

정 민 저도 그럴 것 같아요. 기대하세요.

〈감상문1〉 6학년 이가영

'어린 왕자'를 읽고

프랑스 작가 생떽쥐베리의 '어린 왕자'를 읽었다. 표지에 그려진 어린 왕자의 모습과 제목을 보았을 때 지혜로운 왕자의 이야기인가 하는 생각을 하였다. 그런데 예상이 빗나갔다.

사막에서 서술자와 어린 왕자가 만났을 때 나는 생각지도 못한 '코끼리를 삼킨 보아뱀' 그림을 알아보는 유리구슬같이 깨끗한 어린 왕자의 순수함에 놀랐다. 읽을수록 어린 왕자가 더 좋아지고 궁금해졌다.

어린 왕자의 이야기를 듣다 보니 어린 왕자를 좋아했던 장미가 참 불쌍하다고 느꼈다. 장미의 마음이 이해되니 더 안타까웠다.

어린 왕자가 만난 여우도 지혜롭다고 느꼈다. 어린 왕자에게 장미의 소중함을 일깨워 준 여우에게 배울 점이 많다고 느꼈다.

이야기를 읽으며 어른의 삶보다 순수함이 있는 어린 아이가 참 좋은 것이라는 생각이 들었다. 또 지구에 와서 뒤늦게 장미를 그리워하는 어린 왕자의 모습이 정말 안타까웠다.

어린 왕자가 떠나고 혼자 남겨진 장미의 모습을 생각해보니 두 인물이 다 불쌍하였다. 돌아가기로 마음먹은 어린 왕자가 무서워하는 장면이 인상 깊었다. 여우와 어린 왕자가 한 말들이 감명 깊고 좋았다.

이야기를 읽고 내게 소중한 것이 무엇인지, 또 소중한 것을 놓치고 있지는 않은지 생각해볼 수 있었다.

이 책은 나에게 순수함과 소중한 것이 무엇인지 일깨워주었다. 어른들도 어린 왕자를 읽고 순수한 동심으로 돌아가기를 바란다.

〈감상문2〉 6학년 이유리

'어린 왕자'를 읽고 (장미의 이야기)

안녕! 나는 어린 왕자를 좋아하는, 밤하늘의 별처럼 빛나는 장미야. 나는 어린 왕자가 살고 있는 소혹성 B-612호에서 태어났어. 어린 왕자에게 잘 보이기 위하여 예쁜 빨간색을 띄고 나왔어.

나는 어린 왕자가 나를 잘 돌봐주길 원했어. 그래서 괜히 심술도 부리고 까다롭게 굴었는데 어린 왕자는 그걸 눈치 채지 못했나 봐.

난 어린 왕자와 평생 함께 살고 싶었어. 그러면 언젠가는 날 좋아해 줄 것이라고 믿었거든. 그런데 어린 왕자는 날 버렸어. 날 버리고 떠난 거야. 붙잡고 싶었지만 그럴 수가 없었어. 그럴 용기도 없었고 내가 슬퍼하는 것을 보여주기도 싫었거든.

어린 왕자가 떠나고 손이 매운 사람처럼 바람이 불어왔어. 아무도 없으니 더 춥고 쓸쓸했어. 어린 왕자가 더욱 그리웠어.

난 꽃이야. 살아가려면 물이 꼭 필요해. 하지만 목말라 죽지는 않았어. 어린 왕자를 그리워하며 흘리는 눈물이 땅을 적셔주었거든.

힘든 일이 있을 때마다 어린 왕자를 그리워하며 하루하루를 버텼어. 1년이라는 시간이 얼마나 긴 시간인지 아무도 모를 거야. 나에게는 10년처럼 느껴졌어.

어린 왕자가 날 떠나고 딱 1년이 지난 날, 어린 왕자의 목소리가 들렸어. 꿈인지 생시인지 모르지만 목소리만 들릴 뿐 어린 왕자는 어디에도 없었어. 난 슬퍼서 울고 또 울다가 지쳐 쓰러졌어. 다시 목소리가 들려 고개를 들어 보니 어린 왕자가 저 멀리서 웃으며 내게로 다가오고 있었어. 여기는 소혹성이 아닌 넓고 아름다운 하늘나라였던 거야.

난 어린 왕자와 다시는 이별하지 않고 오래오래 사랑하며 살 거야.

<감상문3> 6학년 박도진

나의 장미꽃에게

장미야, 오늘도 지는 해를 바라보며 너를 생각해. 빨간 노을이 너의 색깔을 닮아 네 생각이 더 나. 여기는 지구라는 별이야. 너와 함께 살던 곳을 떠나 여기저기 여러 별을 여행했단다. 가는 곳마다 어른들을 만났는데 모두가 이상한 사람들뿐이어서 전혀 즐겁지가 않았어. 그러다 여기서 드디어 내 맘을 알아주는 한 아저씨를 만나서 덜 슬퍼졌어.

그런데 이 지구별에서 수없이 많은 장미꽃이 피어 있는 걸 보았어. 너를 닮은 꽃이 셀 수도 없이 많았던 거야. 너처럼 예쁘고 향기가 좋은 꽃이 세상에 너 하나뿐인 줄 알고 있었는데… 충격이었어. 그리고 실망했어. 네 거짓말을 믿었던 게 화가 나기도 했어.

그러다가 여우라는 동물을 만났어. 여우는 나에게 아주 중요한 걸 가르쳐 주었어. 소중한 건 눈에 보이지 않는다는 거, 그리고 서로를 길들인다는 게 뭔지. 그리고 그리움이 뭔지…

비로소 난 알게 되었어. 장미 네가 나에게 얼마나 특별하고 소중한 존재인지, 그리고 내가 별을 떠나 여행하면서 왜 줄곧 슬펐는지를.

더 이상 네가 어떻게 되었을까 걱정하면서 살고 싶지 않고 너에 대한 그리움으로 울다 잠들고 싶지도 않아. 그래서 너에게로 돌아가기로 결심했어.

장미야, 미안해. 널 외롭게 두고 온 것을 두고두고 후회했어. 곧 돌아갈게. 잠시 후에 뱀을 만나기로 했어. 뱀이 나를 원래 있던 곳으로 금방 돌아가게 해 준다고 했어. 그의 말을 믿어보려고 해. 사실 조금 무서워. 아니, 많이 무서워. 그렇지만 잠깐이면 된다니까 눈 딱 감고 해 보려고… 장미야, 기다려, 금방 갈게. 아, 저기 왔어……

여기서는 이야기 속 등장인물인 어린 왕자와 장미꽃의 처지가 되어 각각 글을 쓰게 하였다. 이렇게 등장인물이 되어 보는 것은 글을 더 깊이 체험하는 일에서 더 나아가 인간관계와 삶을 이해하는 일이 된다.

지금까지 여러 갈래의 문학 작품에 대한 독서대화의 예를 보여드렸다. 문학 갈래의 특성에 따라 글 속에서 캐내야 하는 보물들이 다르므로 독서대화법도 조금씩 다른 것을 확인할 수 있었을 것이다.

이 책에서 제시한 독서대화법을 잘 응용하여 독서 멘토와 아이가 창조적으로 독서대화를 나누다 보면 모르는 사이에 두 사람 모두 독서의 즐거움에 빠져 있을 것이다. 아이는 향상된 독서 능력으로 스스로 책을 즐겨 읽어 지적 재산을 쌓는 사람이 될 것을 믿는다.

“

부모가 책 읽는 것을

자주 본 아이는

자연스럽게 책을 가까이 하게 된다.

”

도서출판 이비컴의 실용서 브랜드 **이비락**樂 은 더불어 사는 삶에 긍정의 변화를 줄 유익한 책을 만들기 위해 끊임없이 노력합니다.

원고 및 기획안 문의 : bookbee@naver.com